ALPHONSE DE CHATEAUBRIANT

LETTRE A LA CHRETIENTE MOURANTE

Copyright © 2022 Alphonse de Châteaubriant
Édition : BoD – Books on Demand, info@bod.fr.
Impression : BoD - Books on Demand, In de Tarpen 42, Norderstedt (Allemagne)
Impression à la demande
ISBN : 9782322441051 pour la présente édition
(ISBN de l'édition précédente : 9782322411993)
Dépôt légal : juillet 2022
Mise en page et maquettage : https://reedsy.com/
Tous droits réservés pour tous pays.

Va maintenant, écris ces choses devant eux sur une table.

Et grave-les dans un livre, afin qu'elles subsistent dans les temps à venir.

Car ce sont des enfants menteurs qui ne veulent point écouter la loi de l'Eternel.

Qui disent aux voyants : Ne voyez pas, et aux prophètes : Ne nous prophétisez pas de vérités.

Dites-nous des choses flatteuses, prophétisez des chimères !

Isaïe (XXX-8-10).

AVANT-PROPOS

La Lettre à la Chrétienté mourante, *rédigée par mon père entre 1930 et 1938 est le témoignage de son évolution spirituelle au cours de ces mêmes années.*

C'est en 1915, en Argonne, qu'Alphonse de Châteaubriant qui, jusqu'alors a partagé les tendances sceptiques de sa génération, mais toujours sans qu'il le veuille, à la recherche du « problème vivant », voit brusquement naître en lui les premières lumières.

« Tandis que je menais mon détachement, écrit-il, aux bercements du pas de mon cheval sur la route, tout d'un coup, dans l'effroyable drame, il m'était né le désir de lire saint Paul... j'avais d'ailleurs, sans m'en douter, tout le grand christianisme à découvrir. » Découverte mystique qui, de ce jour, fut accomplie pas à pas, dans le silence, au cours de vingt-cinq années de « durs labours spirituels » et au prix « d'une effroyable bataille avec la vie ». « C'est en déblayant mes propres ténèbres, dit-il, que j'ai, peu à peu, devant mes yeux, vu se faire la lumière. »

*

* *

En 1933, Alphonse de Châteaubriant publiait son premier livre spécifiquement religieux : la Réponse du Seigneur *où il essaie de montrer le rôle vital et décisif que doit jouer, par la contemplation, l'idée de Dieu dans l'idéal de la vie quotidienne. Mais il plonge toujours plus avant dans le grand drame de la recherche de Dieu en l'homme. Dix ans après la* Réponse du Seigneur, *il notait dans ses carnets : « Je suis en pleine étude, un livre m'a été révélé page après page, chapitre après chapitre ; la lecture se poursuit, après un peu plus de trente ans de scolarité intérieure, d'étapes en étapes, j'avance. »*

Ainsi devait prendre corps le livre que nous publions. On ne se trouve donc pas ici en présence d'un ouvrage issu d'une fantaisie de l'esprit, du jeu ondoyant des idées, mais d'un drame religieux de valeur anonyme, d'une conception fondée sur la connaissance conquise, sur la foi acquise.

La Lettre à la Chrétienté mourante, *qui réunit dans une unité naturellement réalisée la vision de l'esprit et la lumière de l'âme, ne marque d'ailleurs qu'une étape dans une évolution dont le terme est placé, plus loin, dans une philosophie religieuse où le christianisme, et même le christianisme catholique, se retrouve avec tous ses dogmes. Car, des circonstances bouleversantes ayant amené mon père à approfondir les vérités de la foi, tout un travail accompli en dehors de sa volonté, le conduisit progressivement, à la suite du chemin parcouru spontanément dans sa vie profonde, vers les grandes vérités enseignées par l'Eglise.*

La similitude de la construction théologique qui, peu à peu, s'est cristallisée dans son âme avec celle des philosophes et penseurs mystiques du moyen âge, tels que saint Augustin, saint Anselme, saint Bonaventure, est frappante et constitue pour l'Eglise, en accord avec les inductions de la science touchant la nature du monde matériel, une moderne confirmation des vérités essentielles du christianisme.

*

* *

La signification profonde des textes publiés dans la Lettre à la Chrétienté mourante *ne pourra donc trouver sa complète expression que dans les notes très abondantes qui furent écrites postérieurement à ces essais et qui seront réunies sous le titre* Itinerarium ad lumen divinum. *Nous pouvons cependant indiquer déjà que, dans ces pages à venir, l'analogie qui se fait jour entre la doctrine professée par les théologiens, tels que les chartrains et les victorins, les docteurs de l'Eglise aux temps héroïques des Universaux et la pensée qui nous occupe, s'exprime particulièrement en une conception de la structure du réel qui, aujourd'hui, arriverait si l'on veut singulièrement à son heure, en ces temps où l'évolution des sciences met quasiment l'homme en face de la désintégration de la matière et d'un univers physique où il ne trouve plus son point d'appui millénaire. Au sein de cet immense mouvement de nouveautés révolutionnaires qui déroutent tant d'esprits, ce n'est plus ainsi, selon la pensée de l'auteur, le catholicisme qui est mis en présence d'un développement plus ou moins déconcertant de la science profane, auquel il pense qu'il doit s'adapter, c'est cette connaissance scientifique qui prend sa place, en toute humilité terrestre, dans le cadre infiniment plus vaste du catholicisme.*

La Lettre à la Chrétienté mourante *constitue ainsi le premier tome d'un journal méditatif qui comprendra trois volumes.*

R. C.

N. B. — Certains fragments de la *Lettre à la Chrétienté mourante* figurent dans l'ouvrage publié en 1950 sous le titre *Ecrits de l'autre rive*. Mon père ne devait leur donner que plus tard leur forme définitive et les englober dans le texte d'ensemble que nous publions aujourd'hui.

J'écris ceci en repoussant loin de mon souci toute préoccupation littéraire.

Je ne me préoccupe plus de « cet esprit de la maison », de cet amour-propre qui commande, directement ou indirectement, aux choses que nous disons.

Cet amour-propre était peut-être un excellent magistère, même un digne magistère, avec son grand col en toile blanche impeccable et sa plume d'oie toujours sur l'oreille.

Je le vois encore, cet amour-propre professionnel, dont mon imagination avait fait je ne sais quel probe instituteur de campagne du temps du romantisme, avec sa tête à toupet de surnuméraire, habillé d'une longue redingote respectable. Le rasoir à la main, debout près de sa fenêtre ouverte sur le bocage rempli d'oiseaux, et chaque matin. Tout cela est fini, bien fini, devant les méchants comme devant les bons ; j'ai enterré le bonhomme.

Maintenant, je sais ce que c'est que la vie ; je sais, j'ai labouré pendant vingt ans... plus la moindre envie d'en user à son égard avec le procédé généralement employé et que si ingénument lui-même il enseignait : essayer de l'imposer avec des mots, la faire passer dans des mots, la comprimer dans des mots, l'administrer dans des mots.

Ces temps sont passés pour moi et d'autres temps sont venus. Il ne s'agit plus ici de la supposition, de l'hypothèse, du dilettantisme intellectuel, de jeter du pain fait de la meilleure farine aux jolis oiseaux du rêve et de la légende, mais d'obéir à l'ordre, à un ordre qui ne souffre plus aucune réplique, aucune réticence, aucun retard et de dire enfin ce qu'il ne m'est pas permis de taire.

Je suis une ombre sommée de parler. En moi a été mis un secret qui est la réponse au mal de tous et ainsi, je n'ai plus, non seulement le droit mais le pouvoir de glisser en silence de ce qui ne fut pas — comme un trop habile danseur — vers ce qui ne sera jamais, en emportant ce que mon destin a imprimé pour un instant dans ma vaine et fantomale substance terrestre, la science de ce qui est.

Voilà, Seigneur, toi qu'on appelle Seigneur, et je ferai de mon mieux, devrais-je, si c'était nécessaire, renouer avec le vain amour-propre et le goût du succès de soi-même que représente à côté de moi mon vieux régent couché dans sa tombe... Mais non, vous ne m'infligerez pas pareil retour... Il n'en sera rien de cette résurrection inutile. Je n'ai pas besoin de ce vieux bonhomme... Vous me conduirez vous-même par la main, sachant mieux que moi ce que j'ai à dire, et comment je dois le dire.

En ces temps de fin de monde d'où se répand déjà autour de nous une odeur de brûlé universelle, dans cette solitude d'un pays de France perdu, je trace ces mots avec hâte. J'ai près de moi, accroché au mur, une adorable petite sanguine, légère comme le souffle du premier jour, œuvre de mon père, et qui me représente à l'époque de mes premiers mois : un étonnement dans des yeux bleus.

Devant les suggestions exquises de ce crayon, songe à peine inscrit, souffle à peine retenu, je m'attarde, parce que cette surprise de l'enfant devant la lumière, cette conjonction de la lumière avec le rayon mystérieux de ces yeux bleus, qui ont en eux toute la réflexion ingénue que porte en elle l'âme du monde, ne représentent pas seulement la figure que j'eus à cette minute, mais la figure qu'ont tous les hommes en ces premiers instants de ce qu'ils sont ou de ce qu'ils croient être, durant ce long problème que, depuis cette apparition jusqu'à leur propre mort, ils appellent leur vie.

Je regarde ce petit visage qui fut mien — non pas pour y croire mais pour me pencher sur l'illusion de cette « ombrette » charmante, en laquelle nous commençons tous et qui, dans sa gracilité, se trouve si proche de l'effacement pur et simple qui est sa pure et simple loi.

Entre ces yeux bleus et ceux qui les regardent aujourd'hui avec attendrissement, s'est passée une grande histoire, digne des plus belles, et qui est l'histoire de l'homme, et qui est celle que je veux raconter.

A vrai dire, il me serait impossible de descendre au cimetière des ombres de la caverne, c'est-à-dire de mourir demain, sans avoir rempli l'obligation que je me sens. Je ne suis pas libre d'emporter avec moi le secret de ce qui m'est arrivé, le secret de l'immense travail qui a été effectué en moi pendant près de vingt années, à chaque heure du jour, par le laboureur, par le semeur et par le moissonneur. La terre ne retient pas dans son obscurité la pousse de la semence qui lui fut confiée. La graine est plus forte que la terre ; la graine ouvre la terre, la terre s'ouvre à la graine et la fleur paraît.

Si je livre ces pages, c'est pour des raisons de haute obéissance.

Ceci, au surplus, n'est pas un livre que j'écris et publie, mais bien plutôt une bouteille que je jette à la mer.

En cette bouteille est roulé ce journal manuscrit de ma suprême confidence, livre de bord d'un bâtiment fantôme ballotté sur la mer de ma solitude.

Dans l'océan de l'illusion, cette bouteille pourra être trouvée et recueillie par quelque homme du large, navigateur naufragé ou explorateur hardi, mais seulement par un « homme du large ».

Beaucoup se croient être des hommes du large, qui n'ont que les habitudes de leur case, sous les palmiers de leur rue.

Je jette cette bouteille à la mer, et certes, ce n'est pas pour demander que l'on vienne à mon secours ! C'est pour dire à ceux qui se croient en sûreté : « Dépêchez-vous de faire naufrage, de vous en aller couler au fond très loin au large, et, remontant de ce fond, de venir, flottant entre deux eaux, me retrouver sur mon rocher, frangé d'écume, où, dans la solitude battue par les flots, vous serez comme moi, pêcheur de perles. »

Encore une fois, ce n'est pas ici un livre que j'écris.

Lorsqu'un homme a vécu ce que j'ai vécu, il n'a pas le droit de mourir avant d'avoir dit aux autres hommes : voilà ce qu'au cours de cette vie qui m'a été imposée, j'ai appris !

Ce que j'ai saisi avec mon esprit, avec mes mains d'homme, c'est-à-dire avec mon espérance d'homme, la foi de mon cœur d'homme, l'opiniâtreté de ma pensée d'homme, a la valeur inestimable d'un message que l'esprit des choses vous adresse.

Ce que j'ai vécu a rallumé en moi des lumières qui allaient s'éteindre. Ces lumières ne m'appartiennent pas en propre, elles sont vôtres, elles sont les étincelles jaillies du choc de la nature humaine avec les rochers de diamant qui hérissent les flots de l'océan de votre vie.

Ce sont vos lumières. Ce sont vos clartés substantielles, celles du plus grand large de votre cœur sous ses écumes, et entre ses récifs.

Le destin avec lequel je suis né et qui murmurait déjà ses volontés dans l'azur des lointains yeux d'enfant dont je parlais, sortis du crayon de mon père, voulait cela, préparait cela, contenait cela. Tout était écrit au fond du texte sibyllin contenu dans ces deux petites lumières, que les parentés de leur azur reliaient à certains lointains regards antiques. Celui du vieux Parménide d'Elée dans le regard duquel, je le sais aujourd'hui, la même vérité auguste et impérissable s'est reflétée un jour, comme en des puretés éternelles.

Parménide lointain, Parménide demeuré dans le sable brûlant des origines, vieux Paros usé par les flots du temps et qui fut là brisé par les pas des soldats, en attendant les résurrections.

Si, pour donner satisfaction au vulgaire, et faire une concession à son préjugé, on cherche les caractères et les lois des phéno mènes sensibles, on ne sera pas dupe de ce fantôme de science. Qu'importe que le centre de ce monde visible soit la terre ou le soleil ; qu'il y ait quatre éléments ou qu'il n'y en ait qu'un ; que cet élément unique soit la terre ou l'eau, l'air ou le feu ? Qu'importe que ces éléments soient mis en action par la haine et par l'amour ou par la variété de formes des atomes qui les constituent. Fables pour fables, les unes valent les autres ; élever sur elles l'édifice de la science, c'est chercher un point d'appui dans le vide et l'inexistence.

*
* *

Piriac, 4 avril.

En ouvrant chaque soir ce cahier, j'écrirai aux hommes, mais je voudrais d'abord leur montrer et leur faire éprouver le silence de cet enclos de la terre où les destins de ma vie m'ont conduit, ce grand carrefour sauvage auquel ont abouti tant de chemins dont je fus le voyageur.

Carrefour de landes fleuries d'or, ourlées du doux violet des bruyères, chemins aux beaux velours d'herbes où vont les ornières de primitifs charrois, dans des vastitudes semées de plantations résineuses. C'est ici que le soleil, le soir, derrière des verdures presque noires, répand ses incendies éclatants.

Dans ces solitudes, des oiseaux de mer viennent s'abattre, bandes de courlis tout à coup apeurés qui s'envolent dans d'innombrables montées d'ailes blanches et grises.

Le soir est sur mon bois ; le soir est sur moi-même, un soir qui, dirait-on, ne serait, jamais descendu encore...

Je regarde à l'intérieur du monde, je regarde à l'intérieur de mon cœur, je regarde à l'intérieur de tous les cœurs... parce que les cœurs commencent à m'être connus et que je les aime.

Je me sens à la fin de ma vie... et aussi au commencement de ma vie ; et, entre les deux, maintenant s'ouvre un grand abîme, qui ne pourra jamais, par rien d'humain, être comblé !

Un pays sec, admirable en blé, avec de profondes saignées sableuses, et, de loin en loin, dans la terre granitique, des vallées verdoyantes.

Pays peuplé d'alouettes, alouettes casquées, vêtues de bure claire, qui sont le sourire de la route...

Çà et là, une ferme sous son toit de chaume ; un ou deux villages gardés par des Christ de pierre.

Le moulin tourne au-dessus des longs anthémis blancs et rouges du talus ; des couronnes de lichens collées à même la muraille semblent être la fleur de sa pierre.

Conversation humaine, celle du maréchal ferrant mêlée à la voix du chien ; celle de la femme du pêcheur mêlée au beuglement du troupeau.

Là, j'ai connu la dernière femme du moyen âge... Marie Loliéro.

Marie Loliéro fut la plus vieille voix de la terre empruntant la voix humaine, que j'aie jamais entendue.

Des dunes, la mer — des criques solitaires — le grand large infini. Les navires là-bas, qui rentrent, qui s'en vont...

J'allais souvent, le soir, voir scintiller l'antique Croisic, tout un chapelet de feux frémissants sur la mer dès la nuit tombée.

Ici, c'est le bout de la terre.

J'ai passé là bien des années, les unes après les autres, dans l'automatisme saisonnier des départs et des retours. L'arrivée se faisait aux fleurs du printemps quand les sillons se couvrent de leur moisson. Et le départ arrivait après l'automne, lorsqu'il ne restait qu'une ou deux feuilles aux sarments de la vigne.

Automnes magnifiques de ces régions de la mer, à cause de je ne sais quelle transparence de lumière en ces saisons. Je partais pour la journée et je ne rentrais que le soir, et c'était tout du long du chemin, dans mon cœur, l'ivresse inlassable de l'air libre.

Pays de pierres, d'herbes rases, sécheresse qui n'est accessible qu'à la lippe du mouton... coupantes têtes de rochers, la mer... la mer bleue, la mer grise... Je n'étais pas de là. Je venais des pays plantureux d'alluvions, de la grasse et motteuse Vendée, du léger et tiède Anjou. Mais je suis arrivé un jour en ces lieux, porteur sous le ciel d'un mystérieux billet griffonné par le destin.

3 mai.

C'est le soir. Au loin, les feux de la ville qui font étinceler l'horizon... Dans les quartiers qui précèdent ces rampes scintillantes, le long des estacades que je traverse, seuls quelques serpentements de fanaux ondulent au fil des eaux du port ; le grand noir des nuits règne... Je m'avance, revenant d'une longue course le long des côtes de la mer, quand, soudain, je m'arrête... Il y a là, sur la droite, amarré par ses câbles aux puissantes bittes de fer du quai, un imposant navire dont la poupe, portée par le flux montant presque jusqu'aux étoiles, plus haut que la toiture des maisons d'alentour, offre aux yeux, dans le demi-cercle de sa courbure d'arrière, l'inconnu étrangement attirant d'un nom lointain écrit en mystérieuses lettres d'or...

Je reviens sur mes pas... Ce bâtiment m'attire. C'est un énorme cargo norvégien arrivé des fjords ; il semble porter en lui un nombre infini de pensées, de souvenirs, de légendes, toute une forêt de secrets nordiques.

Ses vastes flancs tôlés, évasés dans les fondations comme le rempart d'une ville, sont percés d'un bout à l'autre de deux rangées de hublots de feu.

Je hume toute cette profonde existence et, tout d'un coup, alors que je marche fiévreusement sur la cale, mes pieds s'embarrassent, se prennent dans d'inextricables réseaux inaperçus de câbles tendus au ras du sol et je tombe lourdement, et grièvement.

Pendant trois longs mois, il me fallut demeurer étendu sur ma couche ; période interminable qui fut bien singulièrement favorable aux méditations dont j'ai besoin et que j'aime. Car, durant tout ce temps, mon regard intérieur, délivré des brisures d'attention que distribue si indiscontinument la vie en son mouvement quotidien, put facilement ne s'écarter jamais de la grande direction qu'il s'était autrefois découverte et imposée à lui-même.

J'ai beau souffrir, je possède quelque chose que je cache, contre quoi aucune souffrance ne peut rien. Cette fois-ci, cela n'a plus rien à voir avec les anciennes épreuves qui furent les temps de l'ignorance et de la grande Tribulation.

On ne sait pas assez ce que c'est que d'être comme un jouet entre les mains d'un ange, d'un grand ange répressif qui vous prend dans ses lumières, et vous frappe sans pitié de ses ailes terribles.

Il n'y a pas beaucoup d'yeux, parmi les yeux que je connais, qui aient vécu ce sauvage et divin traitement et qui aient appris, pour fuir ce qui est cruel et faux, à se dépouiller de leur dépouille pour se retrouver enfin vivants et ressuscités avec une science qu'ils n'avaient pas.

J'avais été saisi déjà par les anges de Dürer et traîné par les cheveux pendant des années... Il y avait de cela dix ans. Maintenant, si je suis malheureux, je ne suis plus dans la tourmente. Cette maladie, qui est venue après ma pauvre chute au pied du sombre navire, fait partie de la grande convalescence. Elle est celle dont j'avais encore plus besoin que de santé. C'est parce que je tombe avec elle comme dans des fonds bourbeux de détresse, que dans mon regard s'allume, vers Dieu et la libération de toute faiblesse et de toute ignorance, la chaude étoile du désir.

Mon regard, beaucoup plus qu'hier, ne se sépare pas de la vision intérieure de l'Etre, telle qu'elle m'est apparue un jour quand je ne la cherchais pas. La grandeur de cette vision, de cette acquisition est difficile à exprimer. Lorsqu'on l'a, elle contient toutes choses. Elle est la vie personnalisée dans son infini. Elle est la *vérité*, en dehors de quoi il n'est aucune vie possible ; elle est la substance en dehors de quoi il n'est aucune matière susceptible de *réalité*.

Pendant trois mois, j'eus et maintins devant mes yeux la volonté douce d'être fidèle en pensée à cette pensée de lumière qui n'était pas née avec moi par hasard, mais était en moi la révélation profonde qui attend dans le cœur de tous les hommes. Je la fixai devant moi et en moi, n'ayant pas d'effort à faire, car elle est un support merveilleux et l'on comprend, en s'appuyant sur elle, ce que signifiait le geste de saint Jean reposant sa tête sur la poitrine de son Maître.

Cette vision, je la fixais devant moi, nuit et jour, elle était en moi mon Etoile Polaire qui marque toujours le nord-est, sans doute dans le plan des hiéroglyphes de la matière la transposition de cette existence intérieure à l'homme, d'un pôle vers lequel l'âme est constamment tournée. Dans certains moments bien durs, où l'on se sent affreusement seul dans des péripéties intérieures, elle était l'étoile dans la lumière de laquelle je me retrouvais indemne. Grâce à elle, en moi, un autre homme que moi-même découvrait peu à peu que sa vie était comme un ciel nocturne dans lequel cette étoile gravitait.

Immobile sous mes grands rideaux sombres, j'attendais les visitations. J'avais été marqué pour passer cette épreuve. Le silence dans ma chambre était profond, parce que les moindres bruits me faisaient mal.

La mère de celle qui me soignait était souvent devant la cheminée. Elle ne pouvait pas laisser le feu tranquille, elle le remuait tout le temps avec les pincettes. Je voyais bien que ce n'était pas nécessaire. Ou bien elle faisait deux ou trois pas dans la chambre, mais je voyais aussi bien qu'elle ne se dirigeait nulle part... Ou bien elle prenait une boîte d'allumettes sur la cheminée et la changeait de place... et il n'y avait pas de raison pour qu'elle la changeât de place. A l'étage au-dessus, il y avait une eau qui tombait goutte à goutte... j'en entendais le bruit. J'étais sous mes lourds rideaux, je souffrais de tout cela... Je ne veux pas raconter tout cela. Mais il faut bien que je fasse vivre autour de ce que j'ai à dire, et qui est un événement qui a tenu une si grande place dans ma vie. Moi, pendant ce temps, je découvrais une étoile. Je ne sais pourquoi j'appelle cela aujourd'hui une étoile.

Impressions sombres : véritablement, c'est la démolition de l'homme matériel, et il y a là une grande tristesse. Le monde entier se décolore, il y a une ambiance funèbre autour de vous. Un chien avait hurlé toute la nuit, puis le lustre de la salle à manger était tombé sur la table, puis on a appris qu'un vieil amandier, à la campagne, avait été abattu par le vent. C'était comme des vols de chauve-souris autour de moi, des fins de choses... des souffles chauds et décomposés. Comment dépeindre ces heures lugubres d'amoindrissement de la vie, où tout ce que nous avons été se découd et se désagrège en laissant voir le bougran commun sur lequel toutes ces figures étaient assemblées bout à bout. Des figures... Des figures... Ce bougran, quand il vient aux yeux, constitue l'apparence de la grande tromperie. De l'apparition de cette toile déchirée naît dans la conscience l'atmosphère même de la mortalité, de la fin de quelque chose qui a rapport à ce que vous appeliez la substance de votre chair.

Immobile, sur le dos, tandis que le chien du voisinage hurlait à la mort, les paupières abaissées, je regardais obstinément l'Etre qui m'était apparu, peut-être un an ou deux avant, au cœur de la vie. Comment expliquer ces choses, au cœur même de l'infini vivant — plein d'un mouvement immobile, infini plein d'une immobilité que parcourent d'indicibles gravitations — la vie !...

Mon regard était fixé au centre de cette conscience de l'Etre, dans lequel se trouvait à mes yeux la source débordante d'amour dont s'allumait ma propre conscience, ma vraie vie. J'étais là, établi comme dans une forteresse — c'était bien là le rocher dont parle la Bible — se défaire de l'illusion mortelle même à travers ses pires fantasmes, échapper aux funèbres tentations sensibles du fini, et remplir sa conscience de la connaissance de l'Eternel, éternellement créateur.

« Celui qui habite dans la retraite du Très-Haut repose à l'ombre du Tout-Puissant. L'Eternel est mon refuge et ma forteresse. Mon Dieu en qui je m'assure... C'est lui qui te délivrera du filet de l'oiseleur... Il te couvrira de ses plumes et tu trouveras un refuge sous ses ailes... Tu ne craindras pas les erreurs de la nuit, ni la flèche qui vole le jour, ni la peste qui marche dans les ténèbres. »

Il est difficile, quand on est un homme raisonnable et qu'on a vu ces choses tout d'un coup, de ne pas demeurer les yeux grands ouverts devant cette phrase par laquelle commence le premier chapitre de la création de l'homme, cette phrase du Livre des livres... « La terre était informe et vide, les ténèbres étaient à la surface de l'abîme, et l'esprit de Dieu se mouvait sur les eaux ; et Dieu dit : « Que la lumière soit. Je suis la lumière du monde. »

LES KARAMAZOV ET LE SPHINX

9 juillet.

Chaque soir, je pars dans la campagne, à travers de grands espaces, que j'appelle mes dunes. Au-delà de ces dunes, par des chemins escarpés, je gagne des hauteurs qui sont pour moi comme le plus haut point de la terre. Voilà presque le temps de toute une vie que j'en viens quotidiennement fouler le sol, parmi le flot d'or des genêts, entre d'âpres carrières et des fuites de terrains que la pensée aime.

Sur l'autre pente, je descends vers des solitudes comme il n'en est nulle part. Je marche sur des tapis de bruyères et de landes chauffées par le soleil. De tous côtés s'élèvent les éperviers. Pas un paysan ; ici tout est bois et friches. L'homme, sauf les bergers, n'y vient que trois fois l'an pour un coup d'œil, au commencement, au milieu, à la fin des saisons.

J'ai là mon bois, mon bois de pins, mon bois criant, mon bois plaignant, mon bois gémissant, car il est rempli de tourterelles, de ramiers, de corbeaux et d'écureuils, mon bois au profond silence de mer...

Afin de retrouver mon arbre facilement sans avoir besoin de chercher, j'ai creusé avec mon couteau, sous l'écorce, dans l'aubier, une grande croix rouge, que je reconnais de loin et au pied de laquelle je n'ai plus qu'à m'asseoir.

Et je ne bouge plus. Je ferme les yeux et je regarde en moi-même les pensées qui se présentent, qui planent devant mes yeux, voudraient se saisir de mon attention. Je les regarde, je leur dis : « Vous n'êtes que des pensées..., vous n'êtes sur le fond de mon être que des nuages qui passent, vous n'êtes que des visions sans substance que personne n'a formées. » Et telle est la loi de Dieu établie dans l'esprit de l'homme, que ces pensées s'évanouissent, alors percées au cœur comme le furent les grues du Stymphale par les flèches d'Hercule, me laissant seul et sans elles sous le grand ciel pur.

En ce lieu je voudrais avoir une maison de bois, une cabane, où je vivrais plusieurs mois de l'année seul, avec un chien. On m'apporterait mon pain toutes les semaines, un pain rond boulangé à la ferme, et je vivrais là, comme un ermite ; comme le père Théraponte auquel je pense, parce que je relis en ce moment, après un intervalle de quinze années (j'allais dire quinze cents ans), la plus vigoureuse des œuvres de l'art d'écrire, le plus antique et le plus moderne des drames et des plus accomplis de la connaissance humaine : *les Frères Karamazov.*

... Oui, je vivrais là dans mon bois, comme le père Théraponte dont il est question au livre IV. Le père Théraponte, qui avait une conduite d'innocent (quel bonheur d'être un innocent, d'être redevenu un innocent, un homme qui ne porte plus son raisonnement sur sa tête comme une tiare !), qui habitait « derrière le rucher », à l'angle d'un mur, une cellule de bois tombant presque en ruine. Près de là se trouvait une isba, qui avait été transformée en chapelle et contenait une masse d'icones parmi des lampes brûlant perpétuellement et que le père Théraponte était chargé de garder et d'allumer. Il mangeait deux livres de pain en trois jours et était, malgré cela, d'une force peu commune. Parfois, il restait des journées entières sans regarder autour de lui ; il priait.

Il y a des gens qui s'imaginent que prier, c'est articuler des mots... Mais non ! prier, c'est découvrir des pays merveilleux.

J'aurais donc ma maison dans ce bois, tout au milieu du bois profond, et là, derrière mes carreaux, ou assis au pied de ma croix rouge, je ne serais pas dérangé pour sacrifier les pensées de mon humanité puérile.

12 juillet.

Jamais je ne reviendrai « sur le passé ». C'est la dernière fois dans ce journal. Et encore ce journal je ne l'écris pas pour moi, je ne l'écris pas pour dire adieu à ce qui n'a jamais eu d'existence, je l'écris pour ceux qui se croient en sûreté : « Dépêchez-vous de faire naufrage et de venir, flottant entre deux eaux, me retrouver sur mon îlot désert », comme je l'ai déjà dit. « Afin que vous soyez des hommes du désert, le désert en esprit, le désert en vérité », selon la parole d'Angèle de Foligno.

13 juillet.

La grande aventure de ma vie, et ce pourquoi je suis venu au monde, est la découverte du rôle de l'image dans la vie humaine. Non découverte de laboratoire, mais découverte opérée par la voie vivante de la nécessité, découverte qui elle-même fut le prix du combat, telle l'humble couronne de feuillage déposée sur le front des hommes par la divinité chargée de récompenser tous ceux qui n'ont pas méprisé l'espérance.

Quelquefois, je me demande si je ne devrais pas raconter mon histoire, instant par instant, montrer tous les pas dont a été faite et s'est composée cette ténébreuse ascension, tous les sentiers qu'il a fallu prendre dans cette montagne, toutes les crevasses dont il fallut déjouer la malice, toutes les vipères qu'il a fallu arracher de ma chair — et comment j'ai fait cela, grâce à l'idée de Dieu, qui brillait dans mes yeux et que les yeux du basilic étaient impuissants à soutenir. Car j'avais cela au moins, cette idée. J'avais ce diamant rare sur moi. Je savais d'instinct que ces irradiations lumineuses auraient raison de mes adversaires les plus cachés !... Et me voici au sommet, au sommet de la montagne toute rose du lever de l'aurore, avec le monstre à mes pieds, le monstre, celui que depuis quelques jours j'appelle aussi le Karamazov.

Le Karamazov, c'est le terrible élément humain, dont l'histoire se poursuit à travers le livre de Dostoïevski ; c'est aussi ce qui se voit dans le portrait de Stéphane Baumgartner, chevalier allemand peint par Albert Dürer vers 1505, et que le peintre représente revenant comme un saint Georges de l'éternelle bataille. D'une main il tient son oriflamme, et de l'autre, il traîne là bête par la peau du cou.

Le Karamazov, c'est cette bête que Stéphane Baumgartner, à l'exemple de saint Georges, est allé combattre dans son repaire et qu'il rapporte morte. Non plus à l'état de dragon apocalyptique, mais à l'état de flasque dépouille, de loque privée de tout mystère et traînée dans son squame humide et souillée de filets de sang.

Où s'en est allé le rayonnement de la bête sous les étoiles !... La bête que les peuples adoraient parce qu'elle avait reçu l'autorité disant : « Qui est semblable à la bête ? »

Stéphane Baumgartner la traîne, vous dis-je, comme il traînerait un sanglier, un simple sanglier. Et les habitants des campagnes quittent les champs et vont à sa rencontre sur la route : « Où donc traînez-vous ça ? Où avez-vous tué ça ? »

Il ne peut pas leur dire où il l'a tuée. Il ne peut que dire : c'est un dragon qui était en moi et que chacun de vous a en lui tout pareil. Et aussi longtemps qu'il ne le tue pas, le dragon paraît être ce monstre gigantesque qui porte toutes les têtes du mal. Et quand il est tué, et que l'homme le tient, ce n'est plus que ça, ce piteux cadavre, cet œil qui ne s'ouvre plus... tout le néant de la chair !

Mais surtout il ne peut pas leur dire : vos yeux, même ici, sont abusés. Il n'y a même pas là de cadavres, ce cadavre est encore quelque chose qui vous trompe, car il n'y a pas de monstre dans la création de Dieu, il suffit pour s'en convaincre de ramener dans sa conscience toute l'harmonie de la création.

Le monstre n'est que le grandissement à son état adulte de ce qui ne fut, au début, qu'une toute petite image dans l'esprit de l'humanité. Et la grandeur de l'homme est de se rendre maître de cette image au nom de la toute-perfection de l'Etre qui est l'Unique Vie. Si l'Etre est l'Unique Vie, il n'y a pas de monstre !

Et voilà ce qu'a fait Stéphane Baumgartner. Il a tué le Karamazov qui était en lui, et il en traîne tranquillement la peau dans la poussière.

Ces *Frères Karamazov* sont un livre qui me hante pour toutes espèces de raisons : il est sombre comme la nuit, étoilé comme la nuit. Oui, en tournant les pages, on y remue des étoiles. La fange, dans ce livre, y a des « sanglots de furie » ; l'on y entend au naturel, en approchant son oreille de l'orage des poitrines, la musique des anges.

Ce livre me hante, parce qu'il n'y a pas une page qui ne soit imprégnée, jusqu'aux larmes, du désir et de l'amour de Dieu. « Jusqu'à ce que nous ayons regardé dans ce miroir qui est la loi divine de vérité, est-il écrit à toutes ses lignes, nous n'avons aucune idée de ce qu'est l'homme. » Pas un alinéa où la puissance du Christ ne soit évoquée en opposition avec les forces inférieures dont l'emploi est de nourrir le feu dans les veines impulsives de la bête.

Le feu du ciel, et le feu du centre de la terre... Et les *Karamazov*, c'est l'histoire de la lutte de ces deux principes mélangés dans la même chair, dans le même sang, le sang des Karamazov... Que dis-je ! Du Karamazov, car il n'y a, ici comme ailleurs, qu'un seul *ego*, le Karamazov, l'homme, le monstre de Pascal.

La première manifestation de ce monstre, de cet Adam couleur de « brique rouge », est un sensuel animal humain doublé d'un infâme bouffon. Et ce bouffon, c'est lui le père censément. On l'appellerait plus exactement : quelque principe irresponsable. Ce bouffon, selon certaines lois qu'on prétend connaître, a donné naissance à trois fils. Dmitri l'impulsif, l'instinctif passionné, l'homme de la chair à son premier stade ; Yvan, l'intelligence plus subtile de la recherche, l'architecte de Babel, l'intelligence qui détruit ce qu'elle édifie, impuissante à s'élever d'elle-même ; et enfin Aliocha, qui est là l'éclair supérieur, non de l'intelligence, mais de l'amour, qui voit plus haut que l'intelligence, celui à qui le Seigneur dans le jardin d'Eden a crié : « Aliocha, où es-tu ?... Où es-tu, Aliocha ? » Bienheureux homme à qui le Seigneur a demandé : « Où es-tu ? »

Et voilà ! Tous ces Karamazov sont cousus dans la peau de la bête. Les veines du bouffon, en se déployant, étendent leurs ramifications bleuâtres jusque par-dessus la tête du plus haut de ses enfants, enfermant ainsi, sous son régime paternel, ce que l'auteur appelle « la quintessence du patrimoine commun ». Tout cela ne fait qu'un homme, qu'un seul et unique fils d'homme, cousu dans cette peau velue de fauve, où se livrent éperdument les plus aveugles combats. L'élément, qui a reçu le nom de fils aîné, va jusqu'à écraser sous le talon de sa botte la face odieuse du père, qui, à ce moment même où il est la victime de cet attentat contre le corps du Christ, n'a en tête qu'une image, les charmes de la Grouchenka.

Et cependant, de tous ces êtres, de tous ces éléments, de tous ces composants, il n'en n'est pas un qui n'ait, à quelque instant le plus sombre de sa folie, le regard frénétiquement levé vers la petite lampe plus pure, vers la petit flamme pensive qui brûle là-haut, au-dessus de la peau de bête, dans l'unique sanctuaire.

« Aliocha, mon cher, mon unique fils. Je n'ai que toi sur la terre. Je sens que tu es le seul en ce monde qui ne m'ait jamais blâmé... »

« J'entends marcher, dit plus loin Dmitri, après la scène de son outrage : « Seigneur, ce fut comme si un rayon descendait sur moi. Il y a donc un homme que j'aime, le voici : ce petit homme, mon cher petit frère que j'aime plus que tout au monde, et que j'aime uniquement. »

31 juillet.

Aujourd'hui encore, je suis allé sur les hauteurs de C... finir ma journée parmi les pierres bleues du Sinaï, au bord des grandes trouées de carrière remplies d'eau morte. Toujours avec les *Karamazov*. Et c'est là-haut que je lus cette phrase (c'est un pauvre petit malade condamné qui s'exprime ainsi) : « Maman, ne pleure pas, la vie est un paradis où nous sommes tous, mais nous ne voulons pas le savoir sinon, demain, la terre entière serait un paradis. »

C'est exactement cela que je vois, exactement ces mots qui se montrent écrits dans la pensée, aussitôt que la pensée s'est délivrée d'elle-même.

1er août.

Toujours la même préoccupation : on ne se sauve pas tout seul. Se sauver, car nous tenons à tout, c'est accomplir l'acte le plus efficace pour tous. Tendre la main aux autres avant de s'être sauvé soi-même, c'est faire un geste prématuré. C'est à coup sûr manquer le sauvetage des autres. Le terrible, c'est que le mal des autres, et ce dont ils doivent être sauvés, c'est leur volonté de ne pas être sauvés, volonté qui est celle de l'obscur génie humain dont ils sont tributaires, et qui se traduit par une force d'inertie analogue en puissance à la loi qui entraîne tout objet lancé dans l'espace à retomber vers le centre de la terre. Combien de personnes repoussent le salut de Dieu en s'imaginant faire œuvre originale, donner par là une preuve de leur volonté personnelle, qui ne font que répéter docilement les arguments de cette force obscure dont ils sont les représentants inconscients.

2 août.

Ce matin, je suis allé m'asseoir dans un creux de roche abrité, où le vent de mer ne me troublait plus, et j'ai tiré de ma poche le livre d'Ezéchiel. Je fais état de la pensée de ces lointains prophètes depuis que je me suis battu avec le monstre et que j'ai reconnu que ces gens-là avaient dans ce genre de combat une expérience dont la hauteur et la profondeur sont tout simplement écrasantes.

Voici ce qu'il dit dans son langage symbolique. Il dit que le Seigneur le conduisit à l'entrée du parvis, lui fit percer un trou dans la muraille et lui ordonna de regarder par ce trou : « Vois, dit-il, les méchantes abominations qu'ils commettent ici. »

Je regardai. Il y avait toutes sortes de figures, de reptiles abominables et mille têtes d'idoles peintes sur les murailles, tout autour... Un nombre considérable des anciens de la maison d'Israël se tenait devant ces idoles, l'encensoir à la main et il s'élevait une épaisse nuée d'encens. Il me dit : « Fils de l'homme, vois-tu ce que font dans les ténèbres tous ces anciens de la maison d'Israël, chacun dans son cabinet d'images et disant : « L'Eternel ne nous voit pas, l'Eternel a abandonné le pays !... »

« Mon ami, qu'est-ce qu'ils font, chacun dans son cabinet d'images ? »

Retenez cette expression remarquable : « dans son cabinet d'images », c'est-à-dire dans son propre esprit, dans son propre esprit personnel, sous la clôture et dans le secret de sa personnalité. Ce qu'ils font, le Seigneur le montre à ce fils de l'homme privilégié, qu'il veut enseigner : ils dessinent sur les murs de leur cachot, de leur chambre privée, de cette cellule où chacun d'eux est enfermé, des images, des figures, des formes. Ce sont toutes les formes dont nos vies sont encombrées et que nous ne reconnaissons pas, parce que nous ne savons pas que nous sommes enfermés dans trois pieds carrés d'espace et que tout ce qui nous paraît être les pensées élues de notre intelligence ne sont que des dessins plus ou moins faux, abominables ou grotesques que nos passions ou notre ignorance ont dessinés sur les murs.

Ce n'est pas tout. Le spectacle est inoubliable, contemplez-le.

Ces soixante-dix anciens de la maison d'Israël symbolisent l'humanité entière, telle qu'elle doit être vue par ceux quoi sont décidés à tenter pour elle quelque chose. Chacun enfermé dans sa cellule et se livrant, un lourd encensoir en main, à toutes les contorsions de l'adoration personnelle. Rien que des cellules ?... Le monde... Rien qu'une compartimentation infinie de cellules. Dans chacune de ces cellules, ou chambres d'images, sans communication avec ses voisins, un homme. Et cet homme est un empereur, un juge, un général d'armée, un cuisinier, un écrivain public, un inspecteur des domaines, un marchand, un docteur de la loi. Chacun dans sa cellule, chacun devant les figures qu'a dessinées sa pensée, armé d'un énorme encensoir, fait voler devant l'œuvre de ce qu'il appelle sa liberté des nuages d'encens.

Voilà les hommes. Autrement dit, les hommes n'ont de regard que pour les images que leurs passions ont fait naître en eux-mêmes, dans cette espèce de fausse création qu'ils appellent leur personnalité.

Et c'est là seulement l'homme dont parle Pascal, lorsqu'il dit que l'homme est un monstre. Le monstre dont il parle est l'homme de cette recherche de la personnalité, de cette édification de tout l'homme sur la seule conscience de cette personnalité. Et ce monstre n'est nulle part aussi grandiosement montré que dans les *Karamazov*.

Au-dessus donc de cet homme assujetti misérablement au complexe d'images de la personnalité, au-dessus de ce bouffon, dans ce sensuel, il y a Aliocha, qui est, si l'on peut dire, le composé de toutes les images possibles en leur état de pureté et de perfection suprêmes.

« La lutte contre le mal » est une expression, je dirais presque impie et qu'il me faut me hâter de répudier car elle semble impliquer que nous douons le mal d'une existence réelle dans les cercles de la vie qui sont tous occupés, sans aucune place disponible, par l'infini de Dieu. C'est « la lutte contre l'image du mal » qu'il faut dire, ce qui est bien différent et qui ouvre à nos pensées des mondes sublimes d'espérance.

La lutte contre le mal, il faut le comprendre, réside organiquement dans la lutte contre l'image du mal, dans l'extirpation, hors de la conscience, de la connaissance du mal par son image. C'est ce qu'ont vu certains hommes parvenus à l'état de sainteté : saint Denys l'Aréopagite par exemple, et c'est bien là l'explication de la parole du serpent : « Vous connaîtrez le bien et le mal », qui contenait, sous les dehors de la promesse d'une supériorité, une terrible condamnation. La réalisation de l'assurance du serpent est la condition qui a permis à l'homme de faire le mal. Le délivrer du mal, c'est opérer l'élimination de cette mystérieuse aventure, c'est revenir à l'homme que Dieu créa : le Karamazov perdant la vision du Karamazov. Et c'est là le grand problème.

Nous devons marcher au-devant de ce problème avec la plus claire confiance, car *tout est accompli*. Tout ce que nous faisons de bien n'est que la découverte de la création éternelle hors des images de la personnalité. La musique de Mozart n'est qu'une échappée sur la musique de Dieu. Tout est accompli, et c'est seulement parce que tout est accompli que les visions s'accomplissent.

3 août.

Cette réalité des « Karamazov » est un spectacle effrayant ; l'impulsivité, la sensualité, la bassesse, la violence, la haine, toutes les saletés les plus exécrables, comment cette chose-là peut-elle être connue de la conscience, comment peut-elle être ?

4 août.

J'ai beaucoup réfléchi à tout cela au pied de ma croix et j'ai vu.

Un jour parut un homme effroyable, d'une grandeur démesurée, sa tête montait dans les étoiles, par-delà les étoiles, ses bras touchaient l'Orient et l'Occident, les dieux avaient peur. Jupiter, seul, osa le suivre pour le tuer, mais l'homme lutta avec Jupiter et lui coupa les nerfs des pieds et des mains.

Cet homme s'appelait Typhon.

Il rencontra au fond d'une grotte un autre monstre comme lui, nommé Echidna, dont le corps, en sa partie supérieure, était celui d'une femme, le reste de ce corps étant terminé en la forme d'un affreux serpent.

Il est facile de reconnaître ici ce dont j'ai tant souffert moi aussi, cet effroyable cauchemar auquel a été si légèrement appliqué le mot sublime de — *réalité* — ce que nous appelons la matière, qui occupe tout l'espace de la terre aux étoiles, et au-delà des étoiles, la matière emplie des orages du désir et gonflée des épouvantables débords de la corruption.

Ces deux monstres, Typhon et Echidna, ont eu un fils, un fils qui, au sein de la réalité, est le principe interrogateur auquel le Karamazov doit répondre s'il veut être sauvé. Ce fils est le Sphinx. Et la question que pose le Sphinx est unique : « Quel est l'animal qui, au cours de son existence, s'avance successivement sur quatre pieds, puis sur deux, puis sur trois ? » Autrement dit : « Qu'est-ce que l'homme ? puisque cet animal c'est l'homme. Et si tu ne réponds pas, si tu n'as pas, ô Dmitri Karamazov, la révélation, tu seras dévoré impitoyablement. »

5 août.

Le soir dans mon bois. J'entends les ramiers se loger au-dessus de ma tête. Des chouettes traversent le ciel rayé de feu entre les arbres, des étoiles peu à peu s'allument dans le ciel profond et je suis là, assis au pied de mon arbre, en pelote dans l'ombre, semblable à un tas de feuilles dans lequel il y aurait deux yeux qui contemplent.

Au-dessus de moi, autour de moi, au-dessous de moi, auprès, au loin toute la réalité, tout ce qui a nom réalité dans le langage de la grammaire humaine, toute la réalité, la pierre, la terre, l'air, le feu, l'eau, l'espace, les feuillages agités par le vent, les étoiles qui scintillent, toute la réalité dans ses moindres mondes épars, dans ses moindres régions terrestres, dans ses moindres particules, toute la voix de ses tempêtes, les éruptions de ses volcans, les orages meurtriers, les beaux ciels, les bourdonnements des insectes, les passions et les souffrances et les crimes des hommes, tout cela « réalité », mouvement et vie, substance mystérieuse pleine de problèmes, réalité qui est la chair et la pensée des deux monstres impitoyablement unis dans leur grotte, Typhon et Echidna, tout cela, soudain comme au désert, au centre de la pensée, tout cela contenant, au fond de son silence, un principe qui est le fils de toutes ces choses, l'élément interrogateur, l'élément à qui il faut répondre sous peine de déchéance et de mort, le Sphinx.

Voilà ce que je vois aujourd'hui : ce Sphinx implacable, cosmique, qui a failli me dévorer et qui a tenu les. Karamazov entre ses dents.

7 août.

Je commence à comprendre Dostoïevski. Dostoïevski est grand comme Typhon — grand comme l'accouplement de Typhon et d'Echidna. Sa tête touche aux étoiles, ses ongles sont enfoncés dans les terres les plus lointaines, Orient et Occident. Et il est encore quelque chose en plus, en plus de cette noire substance étoilée, et c'est dans ce quelque chose que tient tout Dostoïevski.

Je disais autrefois : Dostoïevski c'est le romancier de l'inconscient. Et voici : cette manière de dire était conforme à mon ancienne compréhension de l'homme, celle qui nous est enseignée et qui n'est que la mise en ordre d'une erreur fondamentale — un vague reflet de l'ordre au milieu des étalages de l'erreur.

Heureusement que j'écris tout ceci pour moi seul, car des lecteurs non avertis se demanderaient : « Que diable veut-il dire ? » D'ailleurs, il s'agira pour moi, et je n'y dois pas manquer, de m'expliquer sans ambages à moi-même, afin de débrouiller jusque dans les articulations de mon langage toute la difficulté, et de laisser au moins dans ce journal la trace de ce que j'ai vécu, moi, autre Dmitri Karamazov, avec la douleur attachée à mes os.

Le cas n'est pas tout à fait le même entre Dmitri et moi, parce que Dmitri a gravi les marches de son calvaire en prison, sous l'inculpation de parricide. Je sais bien que nous sommes tous des parricides. Nous avons tous prêté la main à l'assassinat du Père en nous... (on n'est jamais tué que par son fils, que par ses propres actions) et il n'est pas de fils qui n'ait tué le Père... Quelques-uns, seuls, ont retiré leur main avant le meurtre ; quelques-uns des hommes très rares, et que la « masse » ne comprend pas, car pour la « masse », celle-là, on peut bien dire qu'elle tue le Père par charretées !

Donc, je disais : c'est le romancier de l'inconscient, en donnant à ce mot « inconscient » un sens psychologique. Je me disais : Dostoïevski a incarné en des figures saisissantes tous les éléments les plus obscurs qui composent les profondeurs de notre océan vital ; au fur et à mesure qu'une nuance de ces bas-fonds arrivait à sa conscience, il lui donnait une figure, il faisait de cette nuance . un personnage, et de deux nuances ainsi extériorisées créait un conflit et, avec beaucoup de ces nuances individualisées, bâtissait un roman, si on peut donner le nom de roman à ces admirables fresques humaines, à ces symphonies, à ces architectures couronnées de sublime.

Désormais, il est pour moi le romancier qui, plus que tous, au-dessus de tous, a atteint, par-delà les données de son tempérament et de ses réactions individuelles, la grande expérience ineffable de l'unité humaine. Je ne dis pas seulement touchée, comprise, je dis : vécue, assimilée, capitalisée, faite sienne. Toute vie charnelle et le temps sont pour lui révolus. Ce ne sont ni la vie, ni le temps, lorsqu'il crée, qu'il considère, mais toute autre chose qu'il ne perd pas de vue, la réalité seconde, la Vie immortelle de l'Ame, devenue comme la tapisserie de fond devant laquelle, par contraste et par éclairage, tous les personnages de son pinceau reçoivent leur caractère étrange, d'un enseignement si certain, et toute leur incomparable valeur de fantômes.

Il n'est pas un de ces fantômes qui ne crie constamment par tous ses actes : « Plus nous sommes conscients de vie impersonnelle, de l'unique Vie qui anime toutes les vies, plus nous sommes, plus nous devenons des identités puissantes. »

8 août.

Toujours les Karamazov. Au premier abord, ce n'était là qu'un être de mort. Tout cela, noir et argent, dans le vaste désert devant le Sphinx, dans le désert brûlant de l'ignorance de soi-même. Mais quelque chose se met à briller de plus en plus.

Il y a, dans Ernest Hello, une expression que je voudrais dire à tous les passants, murmurer à chacun les yeux dans les yeux, et c'est celle qu'il emploie en parlant de saint Denys l'Aréopagite : « Il avait, dit-il, la passion dévorante de l'Infini vivant. »

Cette passion, qui existe, j'en suis sûr, à quelque degré secret dans beaucoup des hommes que je rencontre, dans ce pêcheur, dans cette femme, dans cet enfant qui tient son chat à moitié étranglé contre sa poitrine à la porte de la ferme, est celle-là même qui, à travers la douleur, ne cesse d'apparaître toujours plus dans la chair du Karamazov.

« Cette soif de noblesse m'a toujours tourmenté, dit Dmitri. Je la recherchais avec la lanterne de Diogène, et pourtant je n'ai fait que des vilenies, comme nous tous, messieurs. »

9 août.

Ces hommes, ces Karamazov, ce sont des lions dans une cage ; avec le prophète Daniel au milieu d'eux, le prophète Daniel debout et tenant ses yeux vers le ciel, ses yeux attachés à la vue de la réalité vraie, de la réalité d'au-delà de l'apparente réalité du mythe.

Les lions heurtent de leur grosse tête les parois de la fosse et promènent leur mufle autour de l'âme de l'homme, comme des visions inférieures non arrivées encore sous le faisceau et sous le flot de la lumière qui les dissoudra.

Sont-ils donc faux, ces lions ? Oui. Non faux certes, pour ce qui est faux comme eux, mais faux par rapport à cela seul qui soit, l'Etre.... Et le lion le moins faux sera celui dont Isaïe a vu, par anticipation, la silhouette dans son désert changé en vallée de fleurs : ce lion qui repose auprès de la gazelle et de l'agneau.

O hommes ! vous ne savez combien tout cela est vrai ! Vous qui n'avez que des vues, et qui n'avez pas la vision.

10 août.

Ces Karamazov *devraient avoir pour sous-titre :* Qui a tué ?

Est-ce Dmitri qui a tué, dans cette nuit... J'allais dire : « au cours de cet admirable chapitre intitulé : « Dans les ténèbres » ? Qui a tué au fond de la maison cachée dans les arbres... ? Qui a tué le vieillard sensuel et bouffon ?... Est-ce lui, Dmitri, lui, le fils, cet acte est-il possible ?... Cet instinctif, ce passionné, ce violent, n'est pourtant pas dénué du sens de l'amour... Au milieu de ses orgies, de ses excès, de ses emportements diaboliques, au milieu de ses folies, n'a-t-il pas, quelquefois, un regard qui se remplit de la recherche de Dieu ?... Et quand il dit : « Frères », quelquefois, ne laisse-t-il pas, en prononçant ces mots, entendre comme une musique, comme la musique d'une voix qui tremble ?

Pourtant, comme il te reste un doute, à toi, lecteur, qui l'a vu se faufiler au fond du jardin obscur, le pilon à la main, les yeux braqués sur la fenêtre, derrière laquelle ce rêve d'une ombre, son père, tourne en rond, en proie à la tragique comédie de la sensualité.

Non, ce n'est pas lui qui a tué — c'est le valet, c'est Smerdiakov, un être vil, haineux et bas comme la bassesse.

Mais, ô fatalité, ce valet, c'est encore un fils du bouffon ! Un enfant qu'il a eu autrefois d'une vagabonde presque idiote, dont les haillons sordides et l'affreux sobriquet de « la puante » ne lui avaient pas fait peur. C'est donc encore le fils qui fut son assassin !... Je vous dis que nous n'y échapperons pas, car l'humanité entière, c'est la « filialité ». Nous ne sommes que des fils, jusqu'à notre mort.

Mais, pourtant, « qui a tué ? » n'est pas la seule question, n'est peut-être pas même la principale question. Parmi ceux qui restent, il y a Dmitri, l'inculpé, le faux assassin... Celui qui n'a pas tué... mais qui, dans sa violence instinctive, plusieurs fois au fond de lui-même a vu passer comme une lionne la pensée que ce serait le plus assuré des allégements pour sa vie, s'il venait à tuer son père... Il y a Ivan, l'intelligent, le subtil, le rationnel, le systématique, qui n'a eu, sans doute, lui, aucune idée franche et précise, mais qui, par tout ce qu'il pensait, tout ce qu'il pressentait, tout ce qu'il subodorait dans les pensées ambiantes, savait que le crime se préparait au fond de la conscience d'un certain vil valet, son demi-frère, avec lequel, comme par hasard, sans que sa pensée, en des replis savants, lui eût jamais clairement dit « je veux », il avait des entretiens d'un trouble caractère, plein de réticences et de silences, jusqu'à la veille même du crime.

En réalité, sauf le prophète Daniel, que représente dans ce complexe des Karamazov, la haute figure rayonnante d'Aliocha, tous ont été près, en quelque chose d'eux-mêmes, de l'assassinat du père...

Et nous voici devant la vraie question, la grande question, pour laquelle ce livre peut-être a été écrit. Quel est celui des deux fils restants, de l'instinctif et du subtil, « quel est celui des deux qui a été le plus près de tuer le père » ?

Il n'y a aucun doute, Dostoïevski nous le déclare : c'est Yvan qui en fut le plus près, par ses désirs. Par ses désirs, ses idées inavouées, ses suggestions intimes, toute sa pensée complexe et tortueuse. Lui, le constructeur d'idées. C'est lui, avec toute son intelligence, qui était, par toute son âme, le plus proche de Smerdiakov, le fils de la puante : car, dans cette sinistre affaire, Dmitri s'élève et Yvan devient fou.

C'est l'intelligence sans Dieu qui est la coupable. Smerdiakov le lui dit : « C'est vous le principal assassin, je n'ai été que la main qui exécute. » Tout est permis, m'avez-vous dit un jour... Tout est permis, voilà ce que dit l'intelligence sans Dieu.

11 août.

Tout cela s'est passé au pied du Sphinx. Et voici ce que j'ai entendu aujourd'hui dans la cellule de Dmitri, lequel n'a pas pu faire la preuve de son innocence et va périr devant les hommes :

« Aliocha, Aliocha, je voulais depuis longtemps te dire bien des choses dans ces murs dégradés, mais je faisais l'essentiel, le moment ne me paraissait pas encore venu. J'ai attendu la dernière heure pour m'épancher, frère, j'ai senti naître en moi, depuis mon arrestation, un nouvel être ; un homme nouveau est ressuscité ! Il existait en moi, mais jamais il ne se serait réalisé sans le coup de foudre. Qu'est-ce que ça peut me faire de piocher pendant vingt ans dans les mines ! Ça ne m'effraie pas. Mais je crains autre chose maintenant ; que cet homme ressuscité se retire de moi.

« Nous sommes tous coupables de tout envers tous. Et quelqu'un doit se dévouer pour tous. Je n'ai pas tué mon père, mais j'accepte l'expiation. C'est ici, dans ces murs dégradés, que j'ai eu conscience de tout cela... Oui, nous serons à la chaîne, privés de liberté, mais dans notre douleur nous ressusciterons à la joie, sans laquelle l'homme ne peut vivre ni Dieu exister. C'est lui qui la donne. C'est là un grand privilège... Seigneur, que l'homme se consume en prière !

« Comment vivrai-je sous terre sans Dieu ? Il ment, Rakitine. Si l'on chasse Dieu de la terre, nous le rencontrerons sous terre ! Un forçat ne peut pas se passer de Dieu, encore moins qu'un homme libre ! Et alors, nous, les hommes souterrains, nous chanterons, des entrailles de la terre, un hymne tragique au Dieu de la joie... Vive Dieu et la joie divine ! Je l'aime. »

Ainsi la réponse est donnée. La réponse était : Dieu. Non seulement le Sphinx a retiré ses griffes, mais le Sphinx a disparu.

*
* *

5 septembre.

Je le vois ; il y a en nous une tout autre source de vie que celle à laquelle nous puisons depuis le jour de notre naissance, et, entre les deux sources, il y a la différence de l'auge des animaux à la coupe d'or du prince.

La révélation de l'existence de cette source plonge l'esprit dans un état où il ne trouve pas de mot pour exprimer sa stupeur, son étonnement, son ravissement. Les petits enfants ont un geste charmant quand ils commencent à voir les arbres, les fleurs, la belle lumière. Avec leur petite main, ils veulent tout prendre ; et surtout ils font entendre vers cette nature, en agitant leurs doigts menus, un appel de leur cœur, dont la tendresse ingénue est sans fond. Ce geste de l'enfant correspond au plus joli moment de l'humanité.

Et voilà le geste que je fais aujourd'hui vers cette autre immense nature qui se révèle comme au sein de la première et dans laquelle j'appelle, je hèle, de toute la force de mon sourire, la vraie réalité du monde.

25 mai.

Quelle joie ! Tous les jours, un peu avant le soir, je m'en vais dans les dunes de T..., qui sont tout du long de la mer un désert sans fin de petite herbe vert-de-grisée, à larges trouées de sable, rempli de vallonnements profonds, et de hauteurs éventées du large, d'où le regard aperçoit au loin tout l'océan dans son mouvement superbe. Ce moment est pour moi la grande heure du jour. Jusqu'à la tombée de la nuit, je marche sans m'arrêter à travers ces espaces, emmenant avec moi toutes les hirondelles du pays, qui tournoient autour de ma personne en déplaçant leur essaim au fur et à mesure que je porte en avant mes pas. Il est probable, sans que mon œil puisse prendre connaissance du phénomène, que le déplacement de mon corps, qui est l'unique mobile dans ces parages, produit chez les moucherons du ciel des refoulements par masses pressées qui facilitent la prise de la proie à mes prestigieuses compagnes. Dans ces rassemblements plus denses, elles n'ont qu'un coup d'aile à donner, pour laisser derrière elles de meurtriers sillons.

Autrefois, pendant ces marches merveilleuses, je ne me serais pas arrêté de rêver. Mon imagination fût partie à tire-d'aile dans ses pays préférés, le passé et l'avenir, évoquant des visages, filant des histoires, écoutant sa propre sagesse. Aujourd'hui, non seulement je suis le maître de toutes ces hirondelles intérieures, de toutes ces capricieuses visions, mais j'ai la volonté de ne pas leur permettre la moindre incursion dans l'air nettoyé de ma pensée. A présent le miroir est pur, le fond de mon esprit semblable à un haut de ciel où ne passe pas un oiseau. Et cela seul mérite le nom de « parfait silence ».

J'ai été long avant d'arriver à ce résultat. Mais maintenant je peux. J'y suis parvenu le jour où j'ai connu la nature de la pensée humaine et cessé de l'identifier avec mon moi éternel.

Pendant deux grandes heures, je transporte ainsi mon cœur à travers des déserts, renvoyant toute pensée qui s'ingérerait de venir, comme on chasse de la cour de son château un chien qui n'est pas de chez vous.

Et, peu à peu, la lune, d'entre les talus lointains, laisse tomber de la trame de son or le sombre dentelé des terrains, et s'élève, s'élève, en son escorte de brouillards, toujours plus purifiée...

Il y a une parole des Psaumes qui dit : « Il m'est bon d'avoir été affligé, afin d'apprendre tes Statuts. » Seule la douleur m'a appris à sacrifier « ce qui passe » à « ce qui ne passe pas ». Et apprendre Dieu et ses Statuts c'est exactement apprendre à faire ce sacrifice. Les sociétés modernes s'usent et se tuent à force de vouloir jouir de « ce qui passe » avec tout l'amour qu'elles ont en elles pour « ce qui ne passe pas ».

Aujourd'hui j'écris ceci :

Le sacrifice du bouc est intérieur.

L'autel ensanglanté est disposé dans les secrètes avenues de la conscience. C'est là que la victime d'Abraham doit être amenée à pied d'œuvre ; là que le corps d'Isaac doit remplacer sur le bûcher celui du bouc inutile et vain. Et ce sont nos fils et nos filles, nos sentiments et nos plaisirs sensuels, que nous devons lier et brûler à la place du corps d'Isaac.

3 juillet.

Traversé de grands prés mouillés, verts, semés de fleurs courtes, sous quelques herbes plus longues et plus foncées.

La montagne est couverte de mésanges bleues.

Parfois les rochers noirs deviennent blonds, et des pistes fauves se dessinent aux flancs ensellés des monts.

Au haut de la première côte, je m'arrête, me retourne et reste là longtemps sans pouvoir détacher mes regards de ce que j'aperçois comme une antique forêt refermée au-dessus d'un vieux temple, de ces vieux temples sacrés qui poursuivent au fond d'une solitude leur millénaire méditation.

Là, sous les lianes et les végétations dévorantes, se cache l'idée sainte, vaste cœur entouré de rayons lumineux que les hommes ne peuvent voir de la route.

La question de l'Esprit est la plus importante, la plus surprenante de toutes celles que l'on étudie ici-bas, et elle est en même temps celle que l'on « apprend » le plus mal, parce qu'elle a contre elle dans les préjugés, dans les passions, dans la paresse de l'homme à méditer, dans son indifférence à réfléchir et à faire effort pour s'élever, dans son ignorance, dans son égoïsme, dans son orgueil, des ennemis redoutables. Socrate approfondissait cette question en se tenant debout à la même place pendant des journées entières. L'homme qui n'est pas Socrate, poussé par d'autres « génies », dispose de facilités moindres pour consacrer à ce grand problème une immobilité et un temps aussi considérables, et il se contente généralement de peupler les cases de son esprit, affectées à ce département des idées, avec quelque vague théorie puisée à un vague et paresseux enseignement.

Cependant, soyons des historiens attentifs, et des observateurs lucides : *Il y a une expérience de l'Esprit.* A la suite et au-dessus de l'expérience première de l'intelligence, il y a une expérience seconde de l'Esprit, expérience de l'Esprit qui n'est autre qu'une expérience de l'intelligence, et précisément celle-là qu'ont traversée les hommes dont nous parle saint Paul : *Les Spirituels jugent de toutes choses, mais personne ne peut juger d'eux.*

L'homme qui n'a pas été initié à cette intelligence seconde, qui en est encore à ses cristallisations premières, dans cette espèce de tombeau profond où le retient le complexe si difficile à vaincre de toutes les images réalisées dans sa vie, cet homme s'imagine qu'un saint Paul ou un saint Augustin, en qui il voit des hommes comme lui, ne peut parler que du même point de vue que lui-même, sans jouir d'aucune autre évidence au sein de l'intelligence des choses. Il ne se rend pas compte que ces voix supérieures lui viennent d'un autre état de conscience qui a dépassé le sien, et qui, du haut de cette évidence nouvelle, l'appelle à monter vers lui.

« Ainsi averti de revenir à moi, a dit saint Augustin, j'entrai dans le plus secret de mon âme, aidé, mon Dieu, de votre secours. J'entrai et j'aperçus de l'œil intérieur, si faible qu'il fût, au-dessus de cet œil intérieur, au-dessus de mon intelligence, la lumière immuable ; non cette lumière évidente au regard charnel, non une autre de même nature, dardant d'un plus vaste foyer de plus vifs rayons, et remplissant l'espace de sa grandeur. Cette lumière était d'un ordre tout différent. Et elle n'était point au-dessus de mon esprit, ainsi que l'huile est au-dessus de l'eau et le ciel au-dessus de la terre ; elle m'était supérieure comme auteur de mon être ; je lui étais inférieur comme son ouvrage. Qui connaît la vérité voit cette lumière, et qui voit cette lumière connaît l'éternité. L'Amour est l'œil qui la voit. »

Devant de telles paroles, quoi que l'on éprouve, que ce soit quelque dédain à l'égard d'une manifestation aussi peu positive, ou un très réel respect pour des « dispensations » aussi exceptionnelles, on s'exprime d'ordinaire sur le compte de cette perception avec une réserve prudente, qui la réduit à n'être pour la pratique des âmes qu'un exemple presque sans importance, comme si, d'après la loi normale, l'intellectualité de l'homme (autrement dit son intelligence avant cette perception) offrait tout le champ connu et connaissable réservé pratiquement à la possibilité humaine. On croit que ce qui s'ajoute ainsi si exceptionnellement n'est que surérogatoire ; alors que ce qui s'ajoute ainsi, c'est toute l'intelligence portée à un degré supérieur.

5 juillet.

Pour l'homme qui « vit », il y a un autre plan de réalisation pour la conscience de la vie que le plan intellectuel. Le plan strictement intellectuel correspond à ce qu'on appelait autrefois « être sous la loi », par opposition à « être sous la grâce », ou « avoir reçu l'adoption filiale ».

Ces belles et douces manières de dire sont, en termes vieillis, des allusions à des événements humains qui sont des états de conscience accessibles à tous les hommes qui ne limitent pas l'effort de leur vie et les recherches de leur « cœur intelligent » à ce qui est strictement le plan de la représentation intellectuelle des choses.

Je veux noter ici ce que j'ai vécu un après-midi que je pratiquais et poursuivais en moi une application ardente selon une habitude qui durait depuis plusieurs années et constituait le fond de ma vie et l'exercice constant de mon âme. Il y avait bien longtemps que je me conformais avec une fidélité et une exactitude qui ne se lassaient pas à ces disciplines grâce auxquelles j'avais fini par déceler, d'une façon suffisamment claire pour les yeux de ma conscience, les principes jusqu'ici considérés comme formant les assises inébranlables de l'existence humaine.

Je longeais cet après-midi-là le vieux mur que nous appelons à Piriac le mur du château et je me trouvais sur la descente à la hauteur du cormier centenaire, qui était le seul arbre dont la tête dépassât. C'était un bel arbre dans un beau jour ; le ciel était calme et doré, la mer s'étalait au loin, lumineuse. A un moment, comme ma pensée s'appliquait à suivre le sentier intérieur dont j'ai parlé, par ce que je vécus dans mon esprit, j'appris une grande chose. Tout d'un coup, je compris, sentis et vis que les pensées, touchant à l'essence de l'Etre, qui m'étaient venues jusqu'alors, appartenaient à un règne d'esprit comme élevé au-dessus du *monde* par une immensité de rapports sublimes et parfaitement *étranger* à l'étroit règne auquel appartiennent toutes les idées que nous avons habituellement, y compris celles qui se rattachent du plus près que l'on puisse imaginer à ce que nous appelons la vie de l'Intelligence.

Je vécus là, d'une façon complète. En même temps, je voyais et sentais la séparation absolue de ces deux domaines de l'esprit, dont l'un dominait l'autre, dans une région située infiniment au-dessus. Il y avait là deux mondes séparés dans leur essence, deux parallèles qui ne se rencontraient jamais, les idées d'en haut et les idées d'en bas. Les idées d'en haut ne pouvant être conçues par l'esprit d'en bas, pas plus que les idées d'en bas ne pouvaient trouver place dans l'esprit d'en haut. Un intervalle infranchissable demeurait étendu entre les deux intelligences.

Les longues disciplines qui avaient précédé m'avaient amené à faire l'expérience de cette phase de la création, à laquelle font allusion d'une manière si ingénieuse le sixième et le septième versets du premier chapitre de la Genèse, chapitre, qui présente la création comme ayant été —, et comme étant — continuellement et exclusivement spirituelle.

Ces deux versets font dire à Dieu, — après le verset 5 où Dieu est montré faisant de la lumière une création spirituelle, autrement dit encore assurant dans l'homme la révélation intérieure de tout un monde inconnu à l'esprit de la terre et fait pour dicter sa loi à l'esprit de la terre... — font dire à Dieu donc : « *Qu'il y ait une étendue entre les eaux ; et que cette étendue sépare les eaux d'avec les eaux !* » *Et Dieu fit l'étendue, et sépara les eaux qui sont au-dessous de l'étendue d'avec les eaux qui sont au-dessus de l'étendue ; et cela fut ainsi. Et Dieu nomma l'étendue cieux.*

Je viens d'indiquer comment je fus enseigné sur la nature et l'espèce de « ces eaux qui sont au-dessus de l'étendue ».

Le fait que cet Esprit est dans l'homme, à certaines heures sacrées, une révélation suprême de l'Intelligence et qu'Il représente, non un état inexpliqué, relevant on ne sait de quel illuminisme, mais une intellection nouvelle, est un fait qui, par les immenses exemples qui l'illustrent, a dépassé depuis longtemps le domaine de toute controverse.

« Malheur, dit l'Eternel, par la bouche de son prophète, malheur aux enfants rebelles qui contractent des alliances *sans mon Esprit.* » C'est-à-dire « qui *pensent sans mon Esprit.* »

L'initiation à l'expérience de l'Esprit est le plus grand événement qui marque dans la vie de ce monde.

L'acte intérieur par lequel un homme s'ouvre à cette direction divine est une démarche capitale non seulement pour cet homme, mais pour tous les autres hommes.

« La voie de l'homme, lit-on dans la Bible, ce monument d'une si étonnante connaissance, n'est pas en son pouvoir. Ce n'est pas à l'homme, quand il marche, à diriger ses pas. »

« Ce n'est pas un homme, dit Platon (premiers mots de son *Traité des Lois*), mais Dieu, qui peut fonder une législation. En conséquence, l'ordre que le législateur humain doit suivre, et qu'il doit prescrire à tous, c'est de subordonner les choses humaines aux choses divines, et les choses divines à l'Intelligence Souveraine. »

Cette Intelligence Souveraine, l'homme, tout homme, la peut trouver dans les pensées de sa conscience, mais à la condition qu'il ne refuse pas d'opérer la descente profonde.

Alors se réalise pour lui la formule du vieil Eckhart : « La vue de Dieu n'est pas la défaite de l'Intelligence, elle en est le triomphe. »

8 juillet.

S'il y a une « expérience de l'Esprit », s'il y a une révélation des choses qui n'est l'œuvre d'aucune argumentation, et n'a même pas pour intermédiaires les antécédents ordinaires naturels, de telle sorte que le grand et insigne principe, selon quoi rien n'existe dans l'intelligence qui n'ait d'abord été dans les sens, se trouve infiniment dépassé ; si cette connaissance spirituelle informe bien réellement ceux en qui elle se manifeste des faits divins inconnus à ceux qui n'ont pas encore franchi les limites des ignorances de leur propre esprit, il faut alors qu'une nouvelle splendide lumière, courageusement puisée aux sources les plus pures, soit portée sans retard sur cette étonnante question ; il faut qu'un sens nouveau des moyens et puissances que « l'intelligence » procure à l'homme lui soit d'ores et déjà communiqué par l'effet d'une nouvelle notion de l'intelligence, laquelle sera fondée enfin sur les possibilités de l'intelligence les plus hautes, et non sur les plus basses.

Or, cette expérience n'est absolument pas contestable. Elle s'est multipliée et épanouie sur toute la surface de la terre. Elle est de toutes les latitudes, de tous les temps, de toutes les conceptions sociales et religieuses. Elle est l'avatar naturel de l'être humain, elle ne peut être obscurcie que là où une fausse croyance, sous quelque nom que ce soit, lui porte inhibition.

Cette expérience, disent les spirituels, ne contraindra pas votre liberté, vous laissera le maître entier de votre vie, elle fera seulement de vous un maître dans votre vie. Vous cesserez d'être l'esclave des illusions pour devenir le serviteur de la vérité. Jésus a dit : *Je ne vous appelle plus serviteurs, car le serviteur ignore ce que fait son maître.* Le chrétien n'ignore pas ce que fait son Maître.

Enseignement qui, sans doute, tel celui qu'engendra la découverte de Galilée, devra entraîner une révolution dans bien des méthodes, mais révolution qui, vue et jugée des plates-formes de l'Esprit, apparaît comme la seule solution susceptible d'opérer le salut des sociétés en péril, et ne peut, au surplus, être accomplie que par les grands fervents de l'Esprit, par ceux que nous appellerons les grands intellectuels sanctifiés. Car c'est d'eux et de leur geste, lequel consistera à briser délibérément le miroir de leur propre esprit pour retrouver l'Intelligence au-delà de ce miroir, que nous attendons tout le bien, comme c'est d'eux et de leur refus d'agir que nous viendrait le plus grand mal.

L'heure n'est plus pour eux d'avoir seulement des idées originales ou magnifiques, non plus que de parcourir les carrefours en criant : « L'esprit, l'esprit », mais de pratiquer silencieusement l'héroïsme de la pensée profonde. Voilà ce que le monde d'aujourd'hui, dans le secret de son pressentiment et son instinctive supplication, attend de ceux dont la mission est de penser. Prononcer des phrases, jeter des appels sonores, articuler des prières émouvantes, mais qui ne sont pas les filles de cet héroïsme impitoyable à soi-même, c'est proprement jouer du violon avec deux bâtons, comme saint François d'Assise, mais sans être saint François d'Assise. Saint François d'Assise frottait l'un contre l'autre ces deux bâtons ramassés sur le chemin, parce qu'il entendait vraiment une musique incomparable — audition qui ne lui était nullement une dispensation miraculeuse accordée, mais la manifestation de son accession à l'Esprit, qui est musique parfaite et harmonie éternelle. Son instrument de la terre, ou esprit, ou intellect, se trouvait donc réduit à un simple geste, à un frottement de deux morceaux de bois, non plus embryon de violon, qu'on y prenne garde, mais effacement de violon.

Oui ! de la même façon ! aussi longtemps qu'un homme n'a pas atteint la perception de la véritable harmonie, devant laquelle l'usage de son laborieux raisonnement lui devient aussi inutile que l'eût été entre les mains de saint François un violon véritable, l'homme n'a pas atteint le spirituel, ni même encore touché dans l'obscurité la porte de la demeure où il se cache, l'attendant pour lui enseigner toutes choses.

Et, de même qu'il y a une musique plus haute que la sensible, pour laquelle il n'est plus besoin d'instrument que deux rameaux d'arbres, dernière allusion à un état de conscience dépassé, de même, il y a un ordre magnifique, ordre fait de grandeur, de splendeur, de grâce, de justice, qui est vu par l'intelligence lorsqu'elle s'est approchée de cette révélation et entr'ouverte à cette évidence, laquelle est celle de l'Esprit et n'est accessible qu'à la seule sainteté.

Ici il appartient de travailler à débarrasser le monde d'un des plus lourds préjugés qui paralysent son essor : la conception du saint, telle qu'elle résulte, après un certain nombre de siècles, des innombrables déformations, ajoutées à cette figure étonnante, et qui sont autant l'œuvre, il faut bien l'avouer, de la sainteté elle-même, que celle du crayon, satirique ou malhabile à la décrire, de la terrible non-sainteté. Ce saint acharné à sa propre persécution, ce saint aux traits morfondus, épuisé par ses austérités, tapant sur son corps comme Balaam sur son ânesse, ce saint contre lequel s'indisposent les esprits faciles et se révoltent souvent les âmes éprises de tempérance et de mesure, ce saint-là n'est qu'un des nombreux enfants de la terre que le po-verello d'Assise, dans sa fameuse vision, vit un jour suspendus comme des fruits à l'arbre aux racines d'or de la grande Sainteté, alors qu'à côté de cet homme roulé dans son froc monacal, il en était d'autres, innombrablement, de toutes les catégories, de toutes les vêtures, de toutes les espèces, de tous les visages.

On lit au chapitre VII de la lettre de saint Paul aux Hébreux ces lignes d'où se détache une insurpassable figure, la plus faite pour éveiller nos esprits à d'étonnantes pensées, la figure de Melchisédec, « roi de Salem et sacrificateur du Dieu souverain, qui vint au-devant d'Abraham, lorsque ce patriarche revenait de la défaite des rois, et qui le courba sous sa bénédiction — à qui aussi Abraham donna la dîme de tout le butin, et dont le nom signifie premièrement roi de justice, et qui était aussi roi de Salem, c'est-à-dire roi de paix. Sans père, sans mère, sans généalogie, n'ayant commencement ni de jour ni de vie, étant ainsi semblable au Fils de Dieu, et demeurant sacrificateur pour toujours ».

La pensée pénètre ici dans un monde magnifique, qui ; malheureusement, ne se peut dérouler en un seul tableau.

Qu'était, que pouvait être ce Melchisédec mystérieux, cet étrange roi des gentils sans onction, ce prince radieux, né seulement de la terre, qui, tout d'un coup, sans que, même en ces temps, rien eût été encore révélé, surgissait, dominant ainsi toutes les histoires surhumaines ?

Il n'est qu'une réponse.

Platon, dans sa *République*, nous a donné sous la forme d'une allégorie, une explication des plus saisissantes de la position dans laquelle, par leur ignorance et leur manque d'efforts, se trouvent maintenus les hommes en face de la réalité profonde. Allégorie pour nous d'autant plus impressionnante qu'elle semble avoir prévenu, par le sens qu'elle donne aux choses, quelques-unes des plus autorisées des voix de la science biologique d'aujourd'hui, en même temps qu'elle est comme une lumière poétique admirable, autour des incomparables pensées métaphysiques que le grand saint Paul s'efforça autrefois de répandre sur le monde.

Cette allégorie est celle de la caverne.

Le philosophe nous demande de nous imaginer une profonde demeure souterraine, ouverte à la lumière sur toute sa largeur, et où sont enchaînés depuis le début de leur vie, le dos tourné au jour, et les yeux fixés sur la paroi qui leur fait face, des gens à qui il est impossible de faire un seul mouvement, ni même de remuer la tête. Derrière eux et au loin, est suspendu un puissant flambeau. Entre eux et ce flambeau est un chemin bordé d'un parapet monté à hauteur d'homme, de l'autre côté duquel passent des personnages qui demeurent invisibles, mais portent sur leur tête toutes sortes d'objets inanimés, comme des statues humaines, des statues d'animaux, et force imitation des choses de la nature, toutes façonnées dans le bois et dans la pierre.

Parmi ces porteurs d'objets, il en est qui parlent, il en est qui se taisent. Pendant ce temps, les enchaînés, la tête fixe, paralysés, ne voient d'eux-mêmes et de leurs compagnons que les ombres projetées à la lumière du flambeau sur la paroi de la caverne. Etranges prisonniers ! Et voilà pourtant ce que nous sommes, nous dit Platon, aussi longtemps que nous n'avons pas été arrachés à notre vie captive, ces enchaînés, qui ne se connaissent que par leurs ombres tracées sur la paroi devant leurs yeux, qui ne voient, toujours sur le même mur, que l'ombre des objets qu'on transporte derrière leur tête, désignent comme les choses elles-mêmes les ombres qu'ils voient ainsi défiler, croient, au bruit des voix qu'ils perçoivent, entendre parler les ombres elles-mêmes, et pour qui enfin toute réalité et substance coïncident entièrement avec la nature de ces ombres. Et la vie de l'homme n'est pas différente, aussi longtemps qu'elle ne s'est pas sublimée, et l'esprit de l'homme n'est pas différent, aussi longtemps qu'il n'a pas fait l'expérience de l'Esprit. Il est jusque-là une caverne sur les murs de laquelle défilent indiscontinûment des ombres, ombres qui paraissent être les objets de l'existence, et qui ne sont que des images, des figures subjectives, des états de conscience, de simples représentations passagères.

Mais supposez que, parmi ces hommes enchaînés, il s'en trouve un dont l'esprit n'ait pas été à ce point subjugué par cette vie paralysante et qui ait cessé de se dire : « C'est notre grandeur d'être ainsi, le cou scellé en ce garrot, les pieds bouclés dans ces ceps » ; un qui soit de l'espèce des fervents, de l'espèce de ce sage de la légende antique qui se fit crever les yeux pour mieux voir le soleil ; un qui, au lieu de considérer doctement et ingénûment ces ombres perpétuelles, décide enfin de fermer ses yeux à ce cortège incompréhensible, et de regarder en lui-même, et qui, dans ce lui-même, découvre une autre réalité, une seconde évidence, évidence plus probante que la première, parce que génératrice, celle-là, de joie, de force, de science et de liberté. Cet homme n'a plus besoin de rouvrir ses yeux trompeurs. Il sait maintenant que ses yeux de chair faisaient partie eux-mêmes de l'illusion du souterrain. Il a trouvé une autre lumière. Ses chaînes sont tombées. Il est libre.

Ce roi mystérieux, qui s'avance au-dessus des temps, dans la poussière anonyme des routes éternelles, ce conducteur de peuples, assez grand, bien qu'on ne sache d'où il vient, pour bénir des patriarches, et qui, en tant qu'homme, devant nous, semble tellement participer de l'envergure elle-même de l'arbre symbolique aperçu par le poverello, ce Melchisédec, c'est l'homme désenchaîné de la caverne de Platon.

Si les prisonniers dans la nuit de cette voûte profonde représentent l'humanité normale, cet homme qui s'est délivré en renonçant aux ombres, qui est le détaché de la conscience trompeuse, le privilégié de la « nouvelle naissance », le roi du royaume de l'intelligence, cet homme est celui que nous appelons *saint ;* et il est celui que doivent d'abord et au moins revêtir aujourd'hui, s'ils veulent sauver le monde, tous les fervents de l'Esprit.

Peut-être est-il difficile à un homme de haute faculté d'abandonner ce qu'il prend pour son intelligence. Il n'a pas jusqu'ici pratiqué ce renoncement, et il ne sait pas en quoi il consiste. Il est affolé qu'on lui demande d'accomplir un pareil sacrifice. Il ne sait, s'il donne ses facultés, ce qu'il deviendra et ce qui lui restera.

Cependant il n'y aura pas de plus « grand simple d'esprit », et donc de plus certain « possesseur du monde », que cet homme de haute perception, s'il consent à renoncer à son brillant privilège. Car il est de ceux-là que Dieu demande — non pas pour que leur lumière soit éteinte, mais pour que, cette lumière étant éteinte, ils soient les plus intelligents parmi les hommes.

Le Saint est le plus vaste et le plus puissant des réflecteurs humains de la Pensée. Comme il a pris conscience de la continuité de la face divine à travers la multiple vision que forme la suite des pauvres visages d'hommes, il a pris conscience de la continuité de la Pensée éternelle dans la Vie ininterrompue et sans fin de l'Amour.

Le Saint est un homme qui n'a pas d'autre pensée que les pensées de Dieu, c'est-à-dire qui a toutes les pensées que Dieu donne, pensées qui s'opposent à celles qu'Il ne donne pas, comme le Réel s'oppose à l'Irréel.

Il est celui qui s'est délivré de toutes les images inutiles, et qui lit dans l'Esprit que vouloir être soi-même, au sens où le comprennent tant d'hommes, c'est précisément affirmer l'existence des ombres de la caverne.

Il sait que le seul génie de l'homme est de s'élever au génie de l'Esprit.

Il n'est pas de ces savants qui tirent leur science des textes, il est de ces ignorants qui font appel aux textes pour confronter leur science.

Il sait ce que l'Ancien Testament a dit : *La vérité, c'est l'intelligence des Saints.*

Il est l'homme pour qui les mots : Bien, Beauté, Vérité, sont une substance vivante, étincelante de joie. Pendant que les enchaînés se repaissent de leurs conjectures, lui sait ne pas penser, par domination de sa pensée, et dit : « Si l'humanité tout entière savait ne pas penser pendant quelques heures, adorant seulement, et sans autre conscience en l'absence de toute image que le sentiment de son union avec l'Etre, la Terre se réveillerait couverte de fleurs. »

« *Es via sublimis :* Tu es à toi-même une voie sublime. »

Que l'homme sache que son esprit peut être ainsi en lui une « lampe divine », quand cet esprit a cessé de se vouloir lui-même, de se nommer lui-même, et quand il se rend compte qu'il est par réflexion la ressemblance infinie de l'Esprit infini de Dieu. Alors cette « lampe divine » *sonde jusqu'aux choses les plus profondes.*

13 juillet.

Chacun a son supérieur en soi-même — comme le moine dans son couvent — le devoir de chaque minute, auquel il convient d'obéir, comme à l'ordre de Dieu.

Le seul adversaire est au-dedans, et l'unique drame gît dans la nuit de notre conscience. Non dans une nuit fondamentale, congénitale à l'espèce, mais dans une nuit acceptée par elle, voulue par elle, qu'elle a faite en fermant les yeux. Ce n'est plus le tombeau du Christ qui est à délivrer mais l'Esprit de Dieu lui-même, en nous-mêmes.

Tu frappes à la porte de bronze pour demander la loi et tu fais bien ; car, demain, tu sauras que cette porte est une des portes de la conscience de l'homme.

Toute l'histoire de l'homme mortel, par rapport au saint et à la sainteté, tient dans l'évolution du mot « réfléchir », qui d'actif qu'il était est passé au neutre, qui du sens magnifique où il signifiait refléter la pensée de Dieu, est passé au sens restreint où il ne signifie plus que la propre recherche de la propre pensée de l'homme.

Ophélie dit, dans *Hamlet* : « Nous savons ce que nous sommes, mais nous ne savons pas ce que nous pouvons devenir. » C'est le contraire qu'il faut dire : Nous ne savons pas ce que nous sommes, mais nous savons ce que nous pouvons devenir.

Le saint comprend que toute chose dans la nature est pensée de Dieu et que tout l'art de l'homme consiste à être le voyant de cette signification éternelle.

La sainteté ne consiste pas à choisir entre le moins et le plus, mais entre ce qui est et ce qui n'est pas. Ainsi nous en revenons toujours à l'immortelle formule de Shakespeare, qui est comme ces colonnes commémorantes placées au carrefour des routes : « Etre ou ne pas être. »

16 juillet.

J'écris ici ce que je voudrais pouvoir crier à la foule, crier aux principaux de la foule. Il y a des prédicateurs dans les églises qui parlent du haut de la chaire et qui disent des vérités, mais la foule est là, docile et passive, semblable à une bête de somme. On lui met le bât, on le lui enlève ; on lui passe le mors, on le lui enlève... C'est l'acte auquel elle est habituée. Il faudrait, pour bien faire, que le feu éclatât, un feu étrange, un feu inexplicable, un feu dévorant, qui éblouirait les yeux et les consciences... Quelle étrange, quelle pierreuse opacité que celle de ces cœurs croyants, bien bêlants, moutons dont on voudrait faire des agneaux.

Je sais, comme un autre, ce que c'est que la vie, j'ai parcouru tous ses chemins, j'ai été sceptique moi aussi. J'ai cru à toutes les objections que les hommes font aujourd'hui ; je les ai faites moi aussi. Je suis descendu dans le véritable empire des causes et tout ce qu'on peut me dire n'a plus d'autorité sur moi...

L'opinion d'un homme qui n'a pas vécu l'expérience de Dieu est une opinion sans valeur, c'est une opinion sans lumière. C'est comme un objet inéclairé dans la nuit et qui n'a pas son existence, et pourtant, je ne dis cela aux hommes que pour qu'ils se disent à eux-mêmes ceci : qu'il y a peut-être quelque chose que nous n'avons *pas vu, pas connu,* car enfin il est tout de même plus difficile de savoir davantage que de savoir moins...

Il ne s'agit pas d'aller trouver personne, mais de nous ouvrir avec amour.

Voilà, c'est ici qu'il faudrait être pénétrant et éloquent, et atteindre tous ceux qui se sentent de l'amour. Qu'ils sachent bien que c'est là leur richesse. Et que c'est l'amour qu'ils se sentent qui deviendra en eux un océan dans la mesure où ils cesseront d'imposer à l'avance à cet océan les limites de ce qu'ils appellent leur « moi ». Manifestement, l'état humain que nous connaissons est un état d'attente, non de l'après mort, mais de la découverte de Dieu.

Il ne faut pas cependant que par des institutions intéressées consacrant ce qui n'est encore qu'un désir et un pâle reflet de l'amour qui nous appelle, nous fassions de notre spiritualité commençante une prison dont nous ne pourrions plus sortir. Cela peut-être serait encore plus terrible que le reste.

Je ne parle pas comme, un mercenaire mais comme un guerrier. Je suis descendu jusqu'où un homme peut descendre, je sais ce que c'est que d'être sous le joug de la douleur... Je sais ce que vaut la sécurité amère des eaux « d'en dessous de l'étendue », comme dit la Bible, ces eaux de l'abîme, au bord desquelles ne passe jamais le souffle rôdeur de l'Esprit.

Je sais tout cela. J'ai cherché. J'ai convoité. J'ai erré. Je me suis trompé de chemin. Je suis revenu sur mes pas. Je revenais sur mes pas parce que j'avais cru au sentiment de la présence d'une Loi divine invincible. Je n'ai pas été pris dans les dogmes. J'ai cru en Dieu avec toute ma liberté, avec toute ma respiration, avec toute la force pure de mon esprit... Je ne L'ai pas vu à travers ma formule, à travers votre formule, je L'ai attendu... J'ai trouvé.

« Dès le matin je t'offre ma requête et j'attends », a dit David. Et j'ai fait comme David... moi, l'ancien rationaliste... l'homme qui, à ces choses, haussait les épaules, qui croyait que le monde s'arrêtait à la surface colorée que teinte l'hiver ou l'automne.

Et alors, j'ai su qu'il y avait une loi de salut, de salut authentique, de salut immédiat, en attendant l'autre.

Je ne l'ai pas vu en dehors de moi, car cela n'existe pas, l'en dehors de moi, pas plus que l'en dedans de moi ; d'ailleurs, quand le dedans et le dehors ont disparu, c'est que l'Etre est apparu, et tous les anciens raisonnements, et tous les anciens dieux sont morts, morts de leur philosophie, avec toute leur philosophie !

17 juillet.

En réalité Jésus-Christ échappe à toute exégèse historique, il est une expérience éternelle. Expérience comme celle de la sensibilité, de la croissance, de la maturité, de l'épanouissement, de la décroissance pour l'homme qui vit dans le monde des apparences, ou le monde tout simplement.

Il arrivera un moment, quand vous aurez atteint la conscience parfaite de votre néant, où vous comprendrez qu'il est venu pour vous remplacer vous-même.

Car, si vous ne comprenez pas, si vous n'avez pas compris, ou si vous ne devez pas comprendre que Jésus vivant est venu vous parler de vous-même, qu'en mourant, en reposant mort vivant dans l'immense giron du principe maternel, il est venu vous parler de vous-même ; qu'en ressuscitant, il est venu vous parler de vous-même, vous ne comprenez et ne comprendrez jamais rien à Jésus, au Christ, ni à vous-mêmes.

Il faut démolir. La religion de Dieu est une grande démolisseuse des constructions de l'homme.

Seulement, quand Dieu est laissé à son opération d'architecte, les constructions de l'homme réapparaissent groupées selon une loi d'harmonie « nouvelle ». La loi d'exhaussement est la loi de l'éternelle et de l'infinie harmonie, s'exerçant, appareillant. A nous d'enlever nos oripeaux — et nos oripeaux sont dans notre pensée.

J'ai vécu tout cela et j'ai attendu avec l'espérance de devenir meilleur en toutes choses. J'ai attendu, et j'ai vu se lever l'aurore, lentement, lentement...

Quand, sur un chemin de landes, je revenais, les yeux remplis de l'incandescence du soir qui brûlait dans les pins, je me disais que tous ces jours tristes ou gais, noirs ou blancs, n'avaient pas plus d'importance et ne marquaient pas plus que, dans l'air, le plumage blanc et noir de la pie qui passe et s'envole...

Le grand vent dans les sapins pourprés et une lumière, le sable mouillé : une musique de par-delà les sons.

Ce que tu crois être toi-même, ce qui porte le nom auquel tu réponds, ce qui est fait de ta chair, de ton sang et même de ton cœur, tout cela n'est qu'une vision passagère au sein de l'inexistence.

Tu n'es pas une source, même pas pour comprendre. Ce que tu appelles ton intelligence n'est que le mirage d'un reflet. Avec ce reflet seulement, commence l'intelligence qui n'a plus besoin d'être comprise, qui n'a plus à l'être, qui est le reflet de Dieu lui-même. Sois ce reflet.

20 juillet.

Saurons-nous jamais pourquoi nous agissons ? Nous savons seulement que nous agissons, et l'acte ne fait que se relier au geste ; l'acte n'est qu'une tendance des forces obscures, il s'accomplit dans un cercle qui se dérobe à nos yeux de chair, dans une chambre noire où nous ne distinguons que le bruit de notre sang et le mouvement de nos vertèbres. Et pourtant ces rouages invisibles sont reliés par des fils étroits à la grande roue des *apparences*.

Un matin de printemps ou un soir d'automne ont pénétré dans le verger de notre inconscient avec des jeux de lumière, des caresses ou des violences. Et cela s'est passé derrière l'horizon mouvant de nous-même, au milieu des plantes du fond de notre océan...

Alors nous avons vu surgir des barques, toute une flottille voilée et c'étaient nos actes qui passaient.

10 septembre.

La seule science est celle qui s'acquiert par la méditation dans la maison en feu.

Cette image vécue, je l'ai retrouvée, sinon tout à fait avec le même sens dans une parabole du *Lotus de la bonne loi*, l'un des livres les plus répandus parmi ceux qui composent la volumineuse littérature religieuse d'Extrême Orient, la parabole de l'Enfant égaré.

« La maison d'un père de famille est subitement embrasée, tandis que ses enfants, occupés à jouer dans l'intérieur, ne s'aperçoivent même pas de l'incendie. Cette maison n'a qu'une seule porte, et le père effrayé appelle à la hâte ses enfants, qui, ne comprenant pas l'imminence du danger, ne se pressent pas de fuir. Afin de les attirer au-dehors, le père leur promet des jouets de diverses espèces, tels de petits chars attelés de bœufs, qu'il dit avoir mis pour eux à la porte de sa maison, et les enfants se précipitent pour obtenir ces jouets, en se poussant mutuellement et disant : « Qui arrivera le premier, « qui arrivera avant l'autre ? »

Mais au lieu des jouets qu'ils espéraient, les enfants ne trouvent qu'un véritable char, auquel sont attelés des bœufs véritables et qui les attendent. En montant dans le char, ils sont frappés de surprise.

Le Bouddha explique à ses disciples que le père de famille a employé un moyen adroit pour sauver ses enfants. Et il en est de même pour lui quand il dit à ses disciples, qui sont aussi ses enfants : « Ne vous amusez pas dans le monde qui est une maison embrasée et dont il vous faut vous sauver en employant le seul moyen, qui est de monter dans le véhicule de la méditation, de la méditation d'où naît la lumière. »

Ici, le père de famille a tiré les enfants dehors.

Mais il n'y a pas de dedans ni de dehors.

Un homme fut donc enfermé dans une maison en feu, dont toutes les portes et les fenêtres visibles avaient été bouchées, étant de ceux-là qui portent implacablement le sort sévère d'avoir été marqués pour trouver le secret de l'issue invisible !

Il négligea l'assistance des hommes, poussé par un instinct puissant, et, comme il avait écouté cet instinct, il fut conduit dans la voie royale.

Une seule science...

Il n'y a de science que celle de la maison en feu.

Il n'y a de science que celle qui rend possible l'évasion de la maison en feu.

La maison est en feu et brûle...

Les hommes, qui y sont enfermés les uns après les autres — et tous se jettent affolés contre les murailles, ébranlent les boiseries, essayent de tordre les serrures, de briser les barreaux — cherchant une issue, ne la trouvent pas, sont saisis par le feu et meurent consumés.

Il n'en est qu'un qui, au lieu de courir, s'assied et médite... Il est sauvé.

La seule science est celle qui s'acquiert par la méditation calme, dans la maison en feu, et l'unique secret de cette évasion n'est pas dans la maison, mais dans l'homme.

DIALOGUE A SILS MARIA

La grande aventure qui m'est arrivée au carrefour de la nuit et du jour a donc fait de moi un solitaire. Je m'en vais désormais, mon sac sur le dos et mon bâton à la main, par les routes poudreuses de la terre. Je sais maintenant ce que c'est que sourire à la terre... Je sais ce que c'est que d'avoir dans le cœur une fleur douce et sacrée dont la lente combustion vous inonde de joie.

Et me voici en Engadine. En basse Engadine, au milieu d'une prairie alpestre, diaprée de fleurs sauvages, jacinthes, narcisses et orchidées.

Là, parmi les pommiers, s'élève une hôtellerie, haute maison de bois à toiture descendante, dont le rebord retombe sur un circulaire balcon à jour, tendu de plantes grimpantes.

Ici une âme m'invite, un silence me promet des surprises profondes.

Une longue salle fleurie, tapissée de bois de cerf et de chamois, et plus loin, dans l'ombre, une autre ombre qui vous attend dans son encoignure de silence et de velours, sous une couronne de vieilles gravures romantiques.

Je m'assois dans cette propice solitude, près de la fenêtre : au loin un troupeau passe sur la lisière de la forêt, un léger chariot traîné par un cheval blanc trotte sur une route qui s'en va dans les montagnes.

C'est ici que je veux rester quelques semaines pour tâcher d'évoquer par écrit le souvenir de certaines phases essentielles de mon voyage — celui qui ne se réalise pas avec des mots — en ce pays mystérieux que les philosophes à longue robe appellent le pays de la « synthèse totale ».

Oui, des chants d'oiseaux, des fleurs, prisonniers du miroir de mon cœur, resteront prisonniers de ma pensée et incorporés aux paroles que je tracerai.

J'ai amassé des quantités de notes, des abondances de notes, toutes écrites au cours de ces années extraordinaires, et qui sont la transcription fidèle et instantanée du passage marqué par chacune de mes pensées sur la nappe réflectrice de l'esprit, au fur et à mesure que ces pensées apparaissaient. Parmi ces notes, la question capitale de « l'intellectualisme » est une des premières qui se présentent car elle est en effet une des plus importantes qui puissent être traitée de nos jours. Le drame du monde européen est un drame de l'esprit, et dans l'homme et dans les sociétés humaines. Plus qu'une crise de l'esprit, elle est l'aboutissement d'une erreur de plusieurs siècles sur la définition même de l'esprit.

Nous sommes, dans le cœur profond de nos générations, les victimes de la réduction du monde aux formules de l'artificielle et meurtrière abstraction logique et scientifique : nous avons chassé l'Etre de nos pensées. Le retour de l'Etre en nos pensées est la condition du salut.

....

Au-dessus de l'intellect est l'intelligence de Dieu. Cette intelligence de Dieu, nous en prenons conscience par ce que nous appelons l'expérience de l'Esprit, et cette expérience de l'Esprit est atteinte par l'homme dans la mesure où il se détache des représentations de son intellect.

C'est ce monde de l'intelligence de Dieu qui s'oppose au monde de l'intellect. Cette intelligence de Dieu produit une vie intérieure qui est la révélation du monde des valeurs que cherchait Nietzsche, ces valeurs éternelles que cherchait son Zarathoustra.

La vie intellectuelle emmagasine les images, elle est un emmagasinement d'images. Mais ces images sont sans substance : la vie intellectuelle est hors de la vraie vie, qui est Dieu ou substance sans images. On apprend cela un jour.

Le plan de l'intellectuel n'est pas celui de l'intelligence ni celui de la vie, pas plus que le miroir qui reflète la beauté n'est la beauté.

L'*intellect* est cette région où, se forment et apparaissent dans le champ de la conscience les pensées et les images, en tant que ces pensées et ces images sont les représentations des « objets » du monde sensible. Mais la conscience elle-même est représentative.

L'*intellectualisme* est cette manière de penser qui n'a plus pour objet les choses elles-mêmes, mais la fiction des choses et leur image insubstantielle dans l'humain miroir, insubstantiel lui-même.

Représentation qui est un songe ; et ce sont ces deux choses-là en une seule, songe et représentation, qui sont l'intellect.

Notre époque, époque intellectualisée, se pose des problèmes ; mais c'est l'intellectualisme qui se pose des problèmes, *ce n'est pas la vie.* « La vie » résout les problèmes... le plus souvent sans en connaître les termes, du moins dans la langue que nous parlons. L'intellectualisme, lui, les formule, mais il ne les résout pas.

Nos époques, où tant de groupements sociaux sont des bouillons de culture de problèmes, et de problèmes insolubles, ou de problèmes qui seraient résolus s'ils se présentaient dans leurs formes vivantes en des sociétés *non intellectualisées,* nos époques sont à cause de cela caractérisées par une décadence du genre humain.

Ce qui constitue le tragique, douleur et drame, c'est la lutte *pour sortir* de l'intellectuel... pour sortir du règne de la représentation sans substance afin d'entrer dans le domaine de la substance sans représentation, c'est-à-dire de la vie pure.

Sortir de l'intellectuel et passer dans le spirituel, telle est la phase suprême de la lutte décisive pour la vie que mène l'homme digne de ce grand nom.

C'est là véritablement le combat auquel les religions sont censées préparer et conduire l'homme. Mais il y a longtemps qu'elles ont abandonné cette mission, découragées par les difficultés gigantesques comme par la mauvaise volonté et l'incapacité humaines.

Nietzsche, profond intuitif, est un de ceux en qui la lutte fut la plus dure, jusqu'à ce que, vaincu, il tombât, tué intellectuelle ment par l'intellect.

Il savait bien pourtant que l'intellect n'était pas *son lieu.*

Et il cherchait les *valeurs du salut.* Mais il les cherchait avec son intellect et ainsi il réintroduisait l'intellect là même d'où il voulait le chasser.

« Il peut arriver, a-t-il écrit, que les créatures s'isolent des effluves cosmiques, par le moyen de religions et de morales hostiles à la nature, et que, par suite, une activité organique très spécialisée que nous appelons *l'intellect* se charge de diriger leur conduite et de leur fixer des valeurs ; alors la force se débilite, la vie décline et dégénère. L'homme se trouve au sein d'un monde privé de dieux, de valeurs, de forme, de sens ; son cœur naturellement pieux se brise, il devient nihiliste. »

J'ajoute : il devient nihiliste pour punir l'intellect, parce que l'intellect l'a trahi. Mais c'est là devenir nihiliste au nom de l'intellect et sur la foi de l'intellect, ce qui est le dernier degré de la perte de l'homme. Alors qu'il y a un grand nihilisme qui découvre au nom de l'Esprit le « rien » de l'intellect lui-même. C'est ce grand nihilisme qui est la voie de la vie parfaite.

Douceurs et fruits de la douceur : des . ailes ! Vibrations du torrent : tout cela est destiné à entrer dans la chair de la question ; je voudrais, avec l'art du divin potier, armé d'un pinceau d'argent, incorporer et modeler ces choses dans la substance même des principes et dans leur immuable essence.

L'abeille passe, murmure d'atomes, les pommiers blancs jettent de tous côtés leurs bras ardents, chargés d'étoiles. Les gros bourdons, dans le temps d'une fleur à l'autre, font entendre leur grondement léger ; et la petite velure vivante, au fond de chaque calice, puise et boit ce printemps sacré : Dionysos est revenu !

Durant cette ivresse, je regarde comment l'épique et l'idyllique se compénètrent sous le soleil de Dieu, et comment, d'une façon exaltante et parfaite, le bouton d'or de la prairie plie et s'écrase sans nul dommage pour lui-même sous le beau pied nu d'Achille...

Ah ! que je comprends qu'il l'ait aimée, son Ariane ! — Ariane, la terre !

« Ariane, je t'aime. »

Signé : « Le Crucifié. »

Parole terriblement vraie, car elle fut la signature exaspérée de l'homme tragique de notre temps et une des plus pathétiques qu'ait laissées derrière elle une vie humaine.

Vous savez de qui je parle ! Sils Maria est là en effet, tout près, tout proche, à quelques lieues, là-haut où règnent les neiges ; et souvent mon regard se tourne dans cette direction... Sils Maria !

Oui, c'est de lui que je parle... Mais je vous en prie, ne vous voilez pas la face !... Ne soyez pas de faux chrétiens ! Soyez des hommes du temps du Christ, ou d'avant le Christ, et que le Christ a visités... Et non des hommes d'après le Christ, et que le Christ a quittés !

Alors je suis monté en pèlerinage vers ces lieux aimés de lui. J'ai voulu visiter le paysage qui l'a vu souffrir, et sans doute aussi, a su, du fond de ses divines sagesses, deviner les raisons pour lesquelles tant de souffrances devaient rester incompréhensibles et, avouons-le, inaccessibles à la presque totalité des intelligences humaines !

Ce damné de nos générations ! Car le drame de Nietzsche est tout le drame de notre temps. Cet homme fut de « ces marqués de Dieu » que leur destin porte à « endurer » au-delà de toute mesure, afin que la moisson de leur souffrance soit ensuite battue en grange au profit de la vie de toute l'espèce.

Il a été, à lui seul, au milieu de nous tous, l'homme martyrisé au nom de tous et, sous le fardeau de tous, il fut chargé de tous les terribles problèmes auxquels est attachée notre « civilisation » en quête de ses dieux !

Je l'aime dans sa mort, lui, le seul qui ait vu et vécu clairement les raisons que nous avons de souffrir, comme les raisons que nous avons de désespérer et d'espérer !

Pauvre grand homme !... Dans son héroïque combat contre les démons de son temps, personne ne le comprenait... Personne ne lisait ses livres !

Pourquoi ? Parce que ses livres étaient la voix de l'avènement le moins perceptible de tous... Celui qui se confondait avec le processus des forces obscures de l'évolution humaine.

Personne ne savait donc contre quoi il en avait et luttait ! On prenait ses pensées pour des fantaisies d'abstracteur de chimères...

Lui-même, cellule du cyclone de ces forces obscures déchaînées, réunies pour la destruction de toutes les valeurs figées et devenues stériles. « L'Europe contemporaine, disait-il, n'a pas encore le moindre soupçon des résolutions effroyables vers lesquelles gravite tout mon être, ni de la zone de problèmes à laquelle je suis lié. Elle ne se doute point qu'il se prépare, grâce à moi, une catastrophe dont je sais le nom, un nom que je ne dirai pas. »

Bien sûr, la naïveté de ce « grâce à moi » n'échappe pas à ceux qui l'entendent, car les causes de la catastrophe sont bien antérieures à Nietzsche qui, pour une bonne part de lui-même, est inclus dans la catastrophe ; est, pour cette part, la catastrophe prenant conscience d'elle-même, *cellule composante* de la catastrophe. Son originalité et son rôle, il les prend dans l'autre part de lui-même, là où il s'exprime en tant que force de résistance grandiose et magnifique, en tant que lumière d'esprit suraiguë, en tant que sublime désir d'évasion. Il était véritable chrétien dans les moelles, mais il ne le savait pas ! Grand chrétien d'avant le paradis terrestre ! Et ce n'est pas son intellect en Dieu, son intellect paradisiaque, c'est son intellect « luciférien » qui en lui n'y a rien vu !

L'intellect luciférien et l'intellect paradisiaque sont sans commune mesure et irréductibles l'un à l'autre, non connus l'un de l'autre, et tous les deux sont dans l'homme.

Cher Nietzsche, si délicat, si enfant, si noble, si génial !... Tu n'as pas su naître de nouveau !... Tu n'as pas su connaître la « nouvelle naissance », tu as cherché autour de *cela*, tu as conçu *l'homme* de *cela*... mais tu n'as pas su percevoir *l'enfant* de *cela*... le tout petit enfant de *cela* !... Tu as vu un homme *tout venu*, au lieu de commencer de voir un enfant, l'enfant au chardonneret !... Tu n'as pas su être un roi mage et aller vers l'Enfant !

Et aujourd'hui, dans le tableau de ton agonie telle que se l'imagine notre tendresse, la parole à Nicodème : « Il vous faut naître de nouveau » devient, comme une ultime leçon apportée aux éclatements de tonnerre de ton œuvre, la parole doucement prononcée à ton chevet par Jésus-homme qui, dans son amour, que le Christ en lui fait infini, tient lui-même entre ses doigts ta main d'agonisant...

Tu es si bien à côté de lui l'homme qui a subi le martyre crucifiant de n'être que l'homme « presque nouveau » !

Alors, je me mets en route, je gravis la montagne ; des troupeaux dans le lointain font entendre leurs sonnailles, un torrent déverse le long des rochers sa cascade mugissante et j'entre dans la forêt.

Sapins géants. Pas à pas je m'élève. Au-dessous de moi s'enfoncent les brouillards. Peu à peu ces vapeurs deviennent des nuages !

Je monte, je monte toujours... Je côtoie des orées de forêts ; dans les intervalles de ces arbres, d'autres forêts apparaissent ; au-dessus de ces forêts planent des aigles, dans le soleil.

O forêts de là-haut... Magnifiques arbres aux branches nourries d'air pur, aux troncs lacés dans des écorces lisses. O forêts de là-haut, vierges de toute atteinte !

Je monte toujours. Maintenant les dernières gentianes ont disparu. Maintenant, parmi les fougères humides, le sentier en lacets circule le long des parois nues et grises. Il fait de plus en plus chaud, les nuages s'amoncellent, électriques et serrés.

A partir de ce point de l'ascension, s'élève partout le relief précis des pics blancs, des chaînes hachées et des grands « bâts de mulet » couverts de neige. Des remparts d'architectures immaculées affectent mille formes. Des pentes veinées de blancheurs paraissent toutes prêtes pour les avalanches, d'autres semblent glisser déjà et descendre vers l'abîme.

Et tout au-dessus de ce chaos étincelle, solitaire, un glacier.

C'est sans doute de ce glacier qu'il a parlé un jour :

« Etes-vous prêts maintenant ?... Il faut que vous soyez baignés avec volupté dans des torrents de glace, faute de quoi vous n'auriez pas droit à cette pensée... Je défendrai ma pensée d'avance ; elle sera la religion des âmes les plus sereines, les plus sublimes... une prairie charmante entre le glacier doré et le ciel pur. »

Et bientôt, il ne reste plus au large de la pente, là où je vais, que des cailloux, de grosses pierres de désert. Un seul arbre tourmenté et cassé sur la ligne dénudée des hauteurs. C'est ici la désolation...

Cette muraille-là, est-ce la demeure dont il a parlé ?

« A quelle hauteur est ma demeure ? Jamais je n'ai compté, en montant tous les degrés, j'ai là ma force, mon toit et ma demeure. »

Heinrich Overbeck et Peter Gast sont certainement venus avec lui errer dans ces solitudes.

Sils Maria se cache en dessous, dans un creux où il n'y a plus rien, plus d'arbres. Et tout d'un coup j'aperçois son agglomération répandue à flanc de montagne.

Sils Maria !

Et comme je restais là, immobile, un coup de tonnerre a éclaté, l'onde puissante du son s'est répercutée dans les gorges de la montagne. Un second coup se fit entendre, les franges des nuages se safranèrent ; puis elles prirent une inquiétante couleur rousse, sous laquelle semblaient couver des flammes. Alors un brusque vent violent emporta dans son tourbillon les oiseaux des hauteurs et une lourde pluie commença de faire entendre ses larges gouttes sur les pierres, une goutte me tomba sur la main, brûlante au milieu de toute cette glace : c'était l'orage.

Sur un vieux carnet de notes, datant bien de vingt ans, que j'avais justement sur moi, j'avais transcrit un jour cet épisode de la vie de Nietzsche : « Etant à Sils Maria, un jour d'orage, il gravit une montagne. Au sommet il trouva une hutte, et, à côté, un homme qui égorgeait deux agneaux. L'orage éclata. »

Or, aujourd'hui aussi, la pluie tombait avec violence ; aujourd'hui aussi, un grand orage allait ébranler les cieux... Et, comme je levais les yeux, j'aperçus au loin la toiture d'une cabane en bois, à demi cachée par une arête de la montagne !...

Vers cet abri je hâtai mes pas. L'eau commençait à tomber en déluge, au milieu des déchirements de la foudre. Le vent, la grêle, l'éclair se partageaient le ciel. Tout cela n'était plus qu'un grand règne gris, labouré de géantes secousses, sans qu'aucune trouée permît plus de distinguer le monde visible.

C'était ici sans doute, dans cette rigole, que les deux agneaux avaient agonisé sous la pluie au milieu des éclairs ?...

De ce jour-là, aussi, peut-être, datait un abandonné et morne tas de cendres demeuré dehors près de la porte de la hutte et que la pluie noyait furieusement dans la rigole qui se creusait tout autour. Une bêche et une hotte en osier avaient été laissées à l'intérieur et, au milieu, trois gros pavés noircis ayant servi de foyer.

De l'une de ces pierres je me fis un siège et, tirant de ma poche mon vieux calepin, j'y relus ces paroles de Nietzsche, copiées par moi autrefois et qu'il avait écrites ici même :

« Pour comprendre la nature, il faut, comme je viens de le faire, s'être sauvé vers elle, loin des soucis et des contraintes pressantes. Que m'importaient alors l'homme et sa volonté trouble ! Que m'importait l'éternel : « tu dois, tu ne dois pas ! » Combien différents l'éclair, l'orage, la grêle : libres puissances sans éthique. Qu'elles sont heureuses ! Qu'elles sont fortes, ces volontés pures que l'esprit n'a pas troublées ! »

Les décharges de la foudre étaient parmi les éclairs les images grossières de ce qu'avait été le drame de sa pensée :

« Ces volontés pures que l'esprit n'a pas troublées. »

Elles portaient dans leurs stridences comme , l'écho de la voix du Cosmos lui-même.

Et, de là, dans le lointain, je m'imaginai que je le voyais venir. A pas pressés, il accourait. Et moi, j'allai au-devant de lui, je le conduisis vers l'eau qui, en s'accumulant devant la porte, formait déjà à cet endroit un brillant mirage... et, lui montrant dans ce miroir le reflet de nos visages : « Comme ces deux images, Nietzsche, lui disais-je justifient bien les paroles que tu as écrites : *Comment, avec de telles perspectives et avec cette faim dévorante de conscience et de science, pourrions-nous nous satisfaire de l'homme présent ?...* Car voilà tout ce que sont nos figures présentes : une image dans un miroir d'eau, un reflet dans une eau sans substance, aussi longtemps que nous ne sommes pas « nés de nouveau »... *nés de nouveau*, reflets dans un autre lac, plus pur, immortel, qui est le lac des pensées de Dieu !

Alors, comme tu l'as dit, Nietzsche, « *naîtra une chose plus grande que l'orage, la montagne ou la mer, sous la forme d'un fils d'homme* ».

— Ah ! tu as dit beaucoup de choses, Nietzsche, qui se placent d'elles-mêmes, superbement, au moins par l'expression, dans l'ordre des choses que pensent ceux que Dieu pense, et tant de sublimes rencontres démontrent qu'il existe en toi une source divine. Tu as dit en parlant de la purification des âmes : « Là commence le grand abîme... Il faut attendre et se préparer ; épier le jaillissement de sources nouvelles, se préparer dans la solitude à des visions étranges ; nettoyer de mieux en mieux son âme du bruit de la poussière foraine de ce siècle... Dépasser tout christianisme au moyen d'un hyperchristianisme... car la doctrine chrétienne est la doctrine complémentaire de la doctrine dionysiaque... » Tu as dit tout cela ! Au fond, tu es un sublime chrétien génialement dévoyé ! Tu as joliment brûlé, en écrivant cela !... « Retrouver en soi le midi, étendre au-dessus de soi le ciel clair, brillant et mystérieux du midi... reconquérir la santé et la vigueur secrète de l'âme, devenir de plus en plus vaste... Celui qui vit sous de tels impératifs, qui sait ce qu'il pourra lui advenir un jour ?... Peut-être, justement, un *jour nouveau !* »

Un jour nouveau !... le jour auquel, sans doute, faisait allusion, selon toi, celui qui s'est exprimé de la sorte : il faut devenir une *nouvelle créature* ?

A chaque instant, tu touches ainsi à la grande conception, peut-être moins par la pensée que par les termes, comme si en toi une pensée plus profonde et plus vraie que la tienne te soufflait, sans éveiller ton soupçon, les mots contenant avant tout le sens de ce que tu aurais dû vouloir dire.. Il existe un suprême secret au fond de la connaissance de l'esprit humain, qu'il est bien difficile de trouver, mais qu'il faut trouver. Tu n'as pas su pratiquer au fond de toi la vraie domination... La domination sur tout ce qui est dans l'esprit de l'homme, la représentation du fragmentaire et du fini. Si tu avais su *ne pas penser* de cette façon, tu aurais trouvé comment la transmutation des valeurs, qui te paraissait indispensable à une rénovation du monde, devait s'opérer par une loi interne sur la base du passage du fini à l'infini et de la multiplicité à l'identité.

« ... Quand on cherche d'une certaine manière, qui est le secret d'une certaine *piété*, ce que tu as essayé de réaliser, Nietzsche, par ta transmutation des valeurs, on arrive à cela. Car toi, quelque poussé que tu fusses, par une force divine, en fait de transvaluation positive, tu n'as rien trouvé. Mais la force qui te poussait te faisait toucher à l'essentiel, tu rajeunissais les termes : tu appelais surhomme ce qui était le Christ dans l'homme ; tu appelais l'homme cosmique l'homme de l'univers des dimensions totales, et, quant aux nouvelles valeurs que tu cherchais et ne trouvais pas, elles avaient, près de toi et en toi, pour mesure, dans l'attente et dans l'espoir d'un monde nouveau, l'Infini et l'Identité.

« ... Et là encore, nous retrouvions le christianisme, nous sondions dans toute leur profondeur les termes insignes de la prière dominicale : « Afin qu'ils soient un, Père, « comme Toi et Moi, nous sommes Un. »

Tu es Nietzsche, dans le fond de toi-même, à travers tous tes blasphèmes, le plus vrai des chrétiens de notre temps. Seulement, encore une fois, tu n'as pas su faire « le blanc » dans ton esprit, le vide et le désert dans ton intellect, en attendant que vienne s'imprimer au large de ce dépeuplement volontaire la pensée de Dieu. Le démon de l'orgueil a fait de ton intellect sa proie.

Et cependant, disais-tu, « notre monde ne peut se sauver sans passer par l'épreuve du nihilisme ». Tu as même fait « intellectuellement » la distinction entre le nihilisme de la faiblesse et le nihilisme de la force. Le nihilisme de la faiblesse, manifesté par l'homme en tant qu'il reconnaît comme excédant son pouvoir la tâche de reconstruire la vie ; le nihilisme de la force, qui, lui, pourrait prendre pour devise : « Pour qu'un sanctuaire nouveau surgisse, il faut qu'un sanctuaire ait été détruit. » Il faut que le dieu de la destruction (Siva lui-même... mon Dieu ! comme tout s'explique !) ait été appelé à l'aide. Comme Kant l'avait dit au sujet de la philosophie : « Avant qu'une nouvelle philosophie puisse naître, il est nécessaire que l'ancienne soit détruite. »

De la même façon, on ne peut savoir, et personne n'oserait supposer, jusqu'à quelles obligations dans la destruction descendent les secrets du christianisme !

Mais le sens et la profondeur, ainsi que la nature de l'œuvre de destruction qu'exige le salut des temps modernes, échappent totalement à l'esprit de ces générations, et à toi-même, Nietzsche !... Combien est superficiel ton nihilisme... comme il est loin de justifier le nom que tu lui donnes, combien il est loin d'être intégral !... Non, tu n'as pas sondé jusqu'au fond tout ce qu'il doit être !

Reportons-nous, entre autres exemples, à la leçon laissée par Albert le Grand, le génial maître de saint Thomas, le sublime docteur en notre vieille Sorbonne, qui, avant de mourir, voulut, en un petit livre, léguer à ses moines la meilleure règle pour grandir dans la voie de l'Etre, car c'est bien là, n'est-ce pas, cette voie, la voie que tu cherches ? Lui aussi fut un grand nihiliste, quand il leur donna la quintessence de son expérience : « Par-dessus tout, ne cesse-t-il, au cours de ces seize leçons, de leur répéter sous toutes les formes, il importe de tenir votre esprit absolument nu, sans représentations, sans images sensibles, libre de tout, dans la nudité et le dégagement. » « Il faut que votre esprit soit comme un désert. » Et il y insiste, pas une de ces leçons où il ne revienne sur cette loi d'airain. « Epurez votre esprit de tout fantôme, de toutes espèces et figures de choses visibles. »

Alors les réalités et les splendeurs de l'Etre apparaissent.

Tu n'as pas su Nietzsche, qu'abolir de sa pensée la pensée qui vous cache l'Etre conduisait à la plus profonde des pensées, à la seule pensée : la révélation de l'Etre... Et, à cause de cela, tu n'as pas été admis à comprendre jusqu'à quel anéantissement des données de ton faux toi-même devait descendre ton nihilisme pour être un créateur et faire de toi un victorieux !... Et malheureusement, pas plus que tu n'es descendu jusqu'au tréfonds de la compréhension du rôle régénérateur que le nihilisme de la force est appelé à remplir dans nos misérables cervelles, pas davantage ton expérience profonde n'a eu accès à la perception des volontés et des toutes-puissances du christianisme. Car il y a bel et bien un nihilisme chrétien, chose bien oubliée des chrétiens eux-mêmes, Nietzsche, et ce nihilisme qui est destruction n'est pas destruction parle mépris de soi, comme tu l'as cru si fort, mais destruction par la *connaissance* elle-même, une nouvelle connaissance, une certaine connaissance, qui n'est pas donnée par l'intellect, qui ne s'acquiert pas par l'intellect, qui ne s'acquiert que par le sacrifice de l'intellect...

Et le Christ est l'affirmation vivante, *l'affirmation,* appelée Fils de Dieu, de l'ultime principe qu'au bout de ce nihilisme intégral on découvre comme étant la loi de la seule vie.

Le Christ laisse tout subsister de ce qui est la science éternelle. Il se tient seulement au-dessus, comme une couronne dont le joyau contient à notre usage des vérités plus que sublimes, mais que je n'exposerai pas devant ton intellect, parce que l'intellect des hommes, avec ses représentations sans substance, est ce qui a empêché jusqu'ici ces vérités d'être les maîtresses du monde.

Tu as dit : « Depuis le Christ, la terre ne s'en est pas mise plus pour cela à porter du fruit sans travail ; les femmes n'en ont pas plus enfanté sans douleur ; la maladie n'a pas cessé. » Il est vrai. Mais ces survivances du mal ne sont dues qu'à l'incompréhension des hommes qui ont laissé se perdre, dans le sanctuaire illusoire de l'intellect, l'immense secret qui leur était apporté, et, avec la perte du secret, la perte du fruit du secret.

Tu as dit que ce que tu avais attaqué dans le christianisme, celui qu'on a fait et qui a prévalu, c'est qu'il veuille briser les forts, décourager leur courage, utiliser leurs heures mauvaises et leurs lassitudes, transformer en inquiétude et en tourment de conscience leur fière assurance.

— La fière assurance des hommes ?... Oh ! Nietzsche ! quand au christianisme, il dit seulement aux hommes : Vous n'allez pas chercher la force à la vraie source de la force... Tu n'as rien fait, d'ailleurs, que de me décrire ce qu'il est devenu à travers les siècles, à travers l'hérédité déformatrice des consciences... C'est là l'œuvre de la morbide, imbécile et délirante foule humaine... Toi-même, donne-lui donc un peu ton surhomme, à cette foule, pour voir ce qu'elle en fera !

Le christianisme est beaucoup plus qu'une morale ; le christianisme est une conception du monde basée sur la négation de la perception des sens comme moyen de connaissance du réel... le « réel » n'étant pas là où les sens le mettent.

Laisse-moi te dire encore, Nietzsche, que le Christ, principe divin dans l'homme, était en toi plus qu'en un autre. C'est lui qui t'a fait parler bien souvent à travers les orages de ton intellect ; mais tu ne l'as pas reconnu. Ton « surhumain au-dessus de l'éternel devenir » ne fut que la mauvaise traduction de la vérité qui à travers ta douleur essayait de se faire jour en toi et qui était le Christ au-dessus des apparences, le Christ, maître des apparences et cela jusqu'à la dernière de toutes : la mort.

Mais, faute de savoir reléguer ta pensée au rang du « rien », faute d'avoir su faire du nihilisme intégral la méthode et le compagnon de ton être, tu as édifié, aux lieu et place du Christ, ton surhomme, vision de tes nuits et non de ton jour !... Et tu t'es réjoui du Retour Eternel !

Certes, si le Retour Eternel est dans la destinée de l'homme un fait cosmique certain, l'homme demeure sous cette loi aussi longtemps qu'il n'en est pas délivré par le surhumain. C'est le surhumain seul, en apportant avec lui la conscience du surhumain, qui peut délivrer l'homme des représentations sans substance du Retour Eternel.

Mais le seul surhumain est le Christ, qui n'est ni plus ni moins que, dans l'homme, l'exercice de l'éternité. Et le Christ apparaît dans l'homme quand l'homme a plongé son esprit dans l'eau propre à laver tous les anciens songes. Et c'est cela, le sens du baptême. Le Christ est en vérité ce que signifiait l'athman, dans les *Oupanichads*. C'est celui-là qui parlera en toi et, par toi, qui modifiera le monde. Si tu veux plonger ta vaine pensée dans le silence et savoir que ce n'est pas par cette vaine pensée que tu vaux, ni par cette vaine pensée que le monde subsiste, mets-toi, par la suppression de la pensée inutile, en accord avec la pensée qui fait subsister le monde, ô irréductible anthropomorphe, et laisse ton esprit avoir les pensées de Dieu par l'offrande de ta pensée même. Plonge tout cela dans le silence impersonnel... et tu trouveras ta personnalité éternelle, le moi que tu cherchais, ton moi cosmique.

« Je veux », disais-tu fort bien, « rendre Dieu aux hommes du fond d'une expérience vivante, par-delà le bien et le mal »... Combien cette parole était admirable... mais tu as fait pour cela le contraire de ce qu'il fallait : Tu as répudié l'intelligence de Dieu...

Après avoir honni l'homme des cultures, *tu es resté l'homme d'une culture,* l'homme de tes propres représentations... Tu es resté prisonnier des catégories de ton intellect, et donc ta vie est restée aussi pour toi ce qu'elle n'est pas : un problème ; alors qu'il n'y a pas de problèmes !...

Refaire l'homme des commencements, voilà la tâche, reconstruire l'homme chrétien sur l'homme primitif des *Oupanichads,* voilà ce qu'il importe de vouloir... Et ton Zarathoustra se retrouvera alors, dans ta pensée elle-même, le frère de celui que tu as accusé si inexorablement de représenter dans son âme dégénérée un avilissement de la notion de l'homme : Parsifal !

Quand je cessai de méditer, assis sur ma pierre, je relevai les yeux ; le haut du ciel s'était découvert et par-delà les nuées grises qui recouvraient encore d'un voile dense les vallées, se dressait de nouveau à la vue la chaîne des neiges.

Des oiseaux chantaient. C'était gracieux et charmant, d'une pureté impressionnante après les brutalités de la foudre. Je ne m'étais pas aperçu du passage de cette crise mouvementée du ciel à l'état de doux soleil tranquille et je me rappelai, en me levant pour m'en aller et redescendre, ces paroles qu'il avait écrites :

O Homme, prends garde !
J'ai dormi, j'ai dormi
D'un rêve profond je me suis éveillé !
Ah ! le monde est profond,
Plus profond que ne le pensait le jour !

6 avril.

Les Fioretti, dans leur légende, racontent un épisode qui illustre bien ce que je voudrais dire ici.

Quand le roi saint Louis se trouva en présence du frère Rufin qu'il était venu visiter à cause de sa grande sainteté, les deux hommes ne se dirent rien. Le roi s'agenouilla, le frère s'agenouilla. Ils se regardèrent longtemps ainsi ; puis, sans avoir prononcé une parole, se quittèrent dans le plus grand bonheur l'un de l'autre.

Voilà des hommes qui, certainement, n'étaient pas des intellectuels. Des intellectuels eussent jacassé ; des intellectuels auraient dit des choses « fort intéressantes ».

Ceux-là ne se dirent pas de choses « intéressantes », ils se dirent les choses « suprêmes ».

Le cœur seul se met à l'unisson avec l'Etre, lequel seul est connaissance. L'amour est le siège de l'intelligence.

Ce n'est pas l'intellect qui est la vérité, ni le lieu de la vérité.

Car la vérité est vie et non pas image morte.

L'intellect est image morte.

Et toute la science est image morte... D'où ce mot si suggestif du livre de Job : « L'homme s'abêtit par sa science. »

Le christianisme, le grand christianisme, le christianisme du Christ, ne se trouve pas dans l'intellectualité, ni même dans les hauteurs de l'intellectualité. Il se trouve en dehors de l'intellectuel, en dehors de l'intellect, dans les splendeurs de la substance. C'est là qu'il faut aller le trouver. « Et le travail est effroyable », dit saint Jean.

Parler de l'intelligence sans partir de Dieu, principe de l'intelligence, et partir de soi comme si l'on était la cause — comme si le vieil homme, qui est précisément ce qui doit disparaître, était une cause — c'est s'interdire de jamais prendre connaissance de ce qui est le véritable homme en nous.

L'ESPRIT DE LA TERRE

10 mai.

Un écrivain notoire a dernièrement écrit ces mots : « Que l'on nous donne de quoi faire vivre l'homme nouveau, pour lequel les dieux sont morts. »

Amère ironie, singulière parole, attendu que l'homme nouveau n'est jamais que l'homme ancien, incomplet et qui se désagrège, et que, sous cette désagrégation, si des nouveautés apparaissent, ces nouveautés sont loin de s'être individualisées dans un nouveau type d'homme défini et qui puisse être entendu.

L'homme nouveau : confusion des pouvoirs, anéantissement des droits et des devoirs, perplexité de la foule privée de ses chefs, despotisme des puissants, la réalité exhibée avec emportement jusqu'en ses dernières indigences, les dernières pudeurs arrachées et piétinées, tandis qu'avec un cœur plein d'angoisse on guette ce qui doit venir, sans pressentir de quel côté cela viendra et sans même savoir s'il viendra jamais quelque chose.

Sombre inquiétude du crépuscule des peuples, dans lequel tous les soleils et toutes les étoiles s'éteignent progressivement, pendant qu'au milieu de la nature mourante les hommes périssent, avec toutes leurs institutions et toutes leurs créations.

« Que l'on nous donne de quoi faire vivre l'homme nouveau, pour lequel les dieux sont morts. »

D'abord, j'écris d'une main qui tremble : l'homme pour lequel les dieux sont morts a si mal compris la leçon que tout ce que l'on pourrait faire pour lui, en dehors de ce qu'ont fait les dieux, serait totalement inutile.

« Il n'est pas d'idéal auquel nous puissions nous sacrifier, clame-t-il et gémit-il dans sa « nouvelle solitude », car de tout nous connaissons le mensonge, nous qui ne savons point ce qu'est la vérité. »

Etrange homme nouveau, en effet, cet homme qui, à la fois, « ne sait point ce qu'est la vérité », et se fonde néanmoins sur la science pour connaître et dénoncer la fausseté de tout idéal ?

Quelle bizarre contradiction !

En fait, cet homme porte en lui une vision de néant, qu'il confond avec la connaissance du monde ; il est toujours, comme dans le tableau de Cébès, l'humanité qui a bu à la coupe de l'imposture et est demeurée la victime totalement impurifiée de ce grand mensonge congénital. Il s'échappe à lui-même, se fait obstacle à lui-même, ne se connaît pas lui-même, ne sait pas se détruire pour se connaître.

Se connaître, c'est savoir de quels éléments réels on est fait, suivant quelle hiérarchie réelle on est fait, et pour quelle fin réelle on est fait.

Et l'on ne sait de quoi, comment et pour quoi réellement on est fait que lorsque le dieu de la destruction s'en est mêlé un jour et nous a laissé, sous le poids de son terrible pied, disjoint et démonté comme les cartons d'un jeu de patience, ou encore tel un humble rang de dominos, lorsqu'on l'a brouillé après la partie.

Alors seulement l'on sait de quoi l'on est fait.

Et l'homme qui, foulé ainsi sous le pied du terrible dieu destructeur, n'a pas renié ni blasphémé les dieux, n'a appelé personne à son secours, mais s'est renfermé dans un jaloux et pieux silence, qui a vu dès le principe son problème résolu hors du cercle de toute science fragmentaire et n'a compté, pour revoir la lumière authentique, que sur le secours grandissant de la vérité elle-même, telle qu'il l'avait découverte en sa propre révélation, cet homme sait de quoi il est fait, pour quoi il est fait et est capable désormais d'exercer le jugement, en se fondant sur les discernements essentiels et sur la « connaissance ».

Alors il peut dire que ce qui lui est arrivé en son temps ne lui est arrivé qu'en vue de l'enseignement des hommes. Alors, il peut se présenter devant eux : il n'a plus rien à craindre, personne ne pourra l'empêcher de parler, personne ne pourra le contredire.

Nous écrivons donc, nous fondant sur ce que fut pour nous, dans des temps de complète destruction intime, l'enseignement des vérités les plus profondes de l'âme, qu'il est impossible d'édifier une science de l'harmonie humaine, en partant de ce que nous appelons notre expérience normale de nous-mêmes, la normale de nous-mêmes n'étant jamais que le « paraître » indûment promu à la dignité de l'Etre.

La science de l'homme, quand cet homme n'a jamais eu pour l'instruire que l'enseignement positif et introublé de ses sens par lui considérés comme seuls initiateurs à la connaissance de la nature des choses, n'a aucun fondement dans la vérité. Une science qui n'a pas pris sa substance aux profondeurs de l'anéantissement préalable, d'où s'élève la connaissance de l'irréalité de tout ce qui n'est pas Dieu, n'est faite qu'avec la moitié de l'esprit humain. Le sujet s'échappe à lui-même et l'homme n'est plus que cette « ombre mise en fuite » dont parle Job.

« Il faut, dit Taine, en de sages paroles, voir l'horloge dérangée, pour distinguer les contrepoids et les rouages que nous ne connaissons pas quand l'horloge fonctionnait harmonieusement. »

O homme nouveau, le grand magicien des existences, le seul médecin du monde, est le regard inaltérable attaché, au-dessus de toute désagrégation expérimentée, dans la direction des lois incorruptibles, lorsque les lois sont considérées non comme impassibles et sans miséricorde, mais comme des lois au contraire qui portent, au sein le plus caché de leur essence, le tendre et tout-puissant souci de la réalisation totale de l'Etre dans l'homme.

1er juillet.

Je date ces notes de Neuschwanstein, dans l'Alpe de Bavière.

Au loin s'étend une chaîne d'Himalayas neigeux. Et l'endroit d'où j'aperçois ces montagnes est, au flanc d'une pente vertigineuse à laquelle s'accroche ma rustique demeure, un bois de sapins géants dont je suis entouré comme d'une noire forêt de légende.

D'entre les longs bras de ces sapins, mon regard plonge sur l'incomparable apparition d'un immense château de féerie, qui se dresse au milieu d'un cirque de rêve et puise son existence miraculeuse au sein du mirage insondable d'un lac situé à trois cents pieds au-dessous de lui. C'est le fameux château de Neuschwanstein.

Neuschwanstein, qui fut édifié sur des assises de marbre dont il fallut revêtir le sommet du rocher inaccessible, Neuschwanstein, ou « Pierre du nouveau cygne », que Louis II de Bavière se fit construire en ce lieu sur le plan de la plus fantastique des burgs de guerre du XIIIe siècle, alors que, possédé des visions de la légende wagnérienne, il s'ingéniait à revêtir la réalité rebelle du manteau étoilé de ses imaginations.

La vue de cet ensemble dépasse toute représentation que s'en peut faire l'attente la mieux prévenue.

Tout ce qu'un décor peut évoquer de plus surhumain enveloppe de son harmonie cet énorme faisceau de donjons accumulés, de bastions crénelés, d'échauguettes élancées, d'appareils flanqués de tours, surmontés de tours et qui se termine en haut, dans les régions du silence des aigles, par cette tour effilée où le roi, dans sa solitude interdite au monde, isolé dans son intellect, interrogeait les lointains espaces et y guettait l'apparition du beau cygne de Lohengrin.

On se souvient comment, seul, dans ses appartements interminables, que tapissaient des peintures représentant tous les épisodes des vieux mythes germaniques et arthuriens, mêlant à la volupté prise à la source de ces tableaux la compréhension très réelle de leur signification héroïque, il vivait là au sein de son ardente transposition cérébrale, et arrivait à faire, avec une étonnante continuité, de cette réalité fausse la trame de sa vie profonde. Son rêve était à la fois un rêve de grandeur médiévale et de pureté mystique. Mais à ces élans se mêlaient des recherches d'imaginations étranges, qu'il poursuivait avec une frénésie naïve et grandiose et comme un acharnement à tâcher de vaincre ce qui s'opposait avec une telle résistance à son idéal et à sa vision. Ses audaces créatrices venaient les unes après les autres, comme autant de coups de lance envoyés dans le flasque et lâche épiderme d'une désespérante réalité.

Il s'était fait aménager, dans sa fantastique demeure, une salle contenant un lac, sur lequel, à la lueur d'un éclairage extraterrestre, il naviguait, revêtu de la cuirasse d'argent de Lohengrin et ramant dans une barque peinte, taillée en forme de cygne.

D'autres fois, la nuit, il faisait allumer plus de trois cents cierges dans une certaine « salle des Chanteurs », aux dimensions colossales, ordonnait de déployer autour de son Neuschwanstein le plus royal feu d'artifice, et passait la nuit à contempler, de son parc solitaire, son éblouissant château vide, illuminé au dehors et embrasé au dedans.

Parfois, dit-on, on voyait le roi en costume de chevalier, à cheval, galopant au clair de lune, seul autour de son château en feu.

L'on sait comment, en 1886, cette vie de rêves fut brusquement interrompue ; comment un coup d'Etat fit passer le pouvoir aux mains de l'oncle du roi, le prince Luitpold, et comment, enfin, le roi, ignorant encore l'événement brutal qui lui ravissait son trône, fut emmené de Neuschwanstein par son médecin, conduit dans son château de Berg pour un séjour provisoire, en attendant un internement, puis fut retrouvé quelques jours plus tard, noyé avec son médecin lui-même dans un lac des alentours, le lac de Starnberg, sans qu'il fût possible, au moyen d'aucun indice, de soulever le voile mystérieux qui pesait sur les circonstances de cette sombre tragédie.

Romantisme exaspéré, tragique effort pour tâcher de se libérer de l'emprise universelle des sentiments sans grandeur, recherche de la vérité dans l'irréel, et funeste confusion, qui est celle de tous les hommes, aussi longtemps qu'ils n'ont pas trouvé leur véritable Lohengrin.

Quel étonnant hasard m'a conduit en ce lieu, devant cette idée de marbre et de pierre, et juste devant ce qui devait, à mes yeux, tellement représenter une stylisation fantastique de toute l'erreur humaine elle-même !

Le silence qui suivit ce drame n'a pas été troublé depuis dans Neuschwanstein, et toutes ces tours, toutes ces flèches que je vois ce soir, argentées par l'encens qui monte de la surface des eaux, ressemblent, dans la gloire paisible de leur émouvant souvenir, à quelque château d'une vraie légende des choses, sorti du cœur assoiffé de l'homme et bâti avec les matériaux les plus anciens de ses erreurs les plus primitives.

Le roi Louis II était-il vraiment fou ?

Peu importent ces démarcations, dont le dessin trop peu sûr échappe aux diagnostics les plus subtils.

La bizarrerie, l'anomalie ne sont d'ailleurs pas la folie. Mais que ce cas soit résolu dans un sens ou dans l'autre, il se rapporte, en réalité, selon ce que j'ambitionne d'expliquer dans ces notes préliminaires, à des questions bien autrement vastes et primordiales.

En vérité, la connaissance de la bassesse des foules et de l'ordinaire médiocrité du cœur humain, empêche qu'on trouve rien d'étonnant à ce qu'un homme, incontestablement doué pour le rêve, ayant entre les mains la puissance, et de plus, les moyens exécutifs qui permettent les réalisations coûteuses, ait tenté de se construire dans l'univers une espèce de Walhalla solitaire où il pût repaître son regard des simulacres d'héroïsme et de pureté que rêvait son esprit.

Mais là n'est point le fait qui nous intéresse. Le fait qui nous retient essentiellement, c'est le fait d'une certaine erreur trop humaine dont il fut la victime ; c'est le fait qu'ayant voulu s'évader (car il n'est pas contestable, quoi qu'on puisse dire par ailleurs, que le roi Louis II de Bavière ait laissé voir réellement, et vraiment, dans sa fraction d'humanité, l'éternel désir humain de l'évasion de soi-même et des autres) il n'ait pas réussi à s'évader le moins du monde, c'est qu'il ait renforcé en quelque sorte les murs de sa prison avec les matériaux de sa propre personnalité, c'est qu'il ait aggravé son cas en le plongeant dans plus de ténèbres ; c'est qu'il ait, en voulant diminuer la laideur, augmenté l'illusion ; c'est qu'en voulant trouver la liberté, il se soit enfoncé davantage dans le piège exclusivement humain où toute liberté nous est prise.

Le roi Louis II de Bavière (et c'est ici pour tout ce que nous avons à dire un grand point de départ) n'a pas vu et n'a pas su voir qu'il mettait à la base même de ce qu'il créait dans le dessein de fuir ce que maudissait son esprit, le principe même qui gouverne l'existence de ce qu'il s'efforçait de fuir.

....

La chaîne des monts bavarois brille au loin. Des stries de neige à ses sommets envoient mourir leurs filets étincelants dans la gaine vaporeuse des forêts, et, du sein de ce velours matinal, s'élève, comme une blanche pensée, le château poématique du roi fou.

Architecture visible d'un rêve exceptionnellement obstiné, dressé dans les innocences de l'air en l'attente du héros de force et de pureté ; cet irréalisme réalisé avec la réalité même, et cette réalité constituée dans son fonds de la substance même de l'irréel, tout cela remplit mon cœur de compassion et je ne cesse de me répéter cette phrase qui dit tellement ce que je sais bien : « Il faut que les fous deviennent sages, il faut que les sages deviennent fous. »

« Il faut que les sages deviennent fous. » « Je suis venu pour que ceux qui voient deviennent aveugles. »

On répète ces phrases sans aucunement savoir ce qu'elles veulent dire. « Devenir fou, devenir aveugle ! »

Il y a un état normal de l'intelligence dont il est dit que l'homme y demeure sans pouvoir comprendre ce que prétendent signifier de pareils préceptes. Et il est cependant aussi certains hommes qui reçoivent de leur mâle destin mesure pleine et entière de ces deux investitures, qui deviennent fous ou qui deviennent aveugles… Et même fous et aveugles à la fois.

On pense bien souvent qu'il est question, dans cette parole, d'une cécité et d'une folie de simple sentiment, quelque chose comme le cas d'un homme qui s'est exalté sur un idéal, en a perdu le sens de ses propres affaires et s'égare dans sa mémoire…

Mais ce n'est rien de tout cela… La chose est bien plus grave et autrement profonde.

« Devenir fou » fait allusion à une certaine révolution qui peut s'accomplir un jour chez un homme dans le choix des principes mêmes de la connaissance.

« Devenir aveugle » a trait à la grande question de ce que l'homme doit connaître et comprendre sous le nom de réalité.

Comment connaître la réalité ? Et où est la réalité ?

Même si nous ne savons pas répondre avec des mots à ces questions primordiales formulées devant notre intelligence, nous en portons en nous-mêmes, que nous le sachions ou non, une solution accomplie et toute prête, et qui est comme inscrite à l'avance et organiquement infuse dans toutes nos pensées et dans tous nos actes. Et c'est par rapport à cette solution commune, héritée et partagée, concernant et ce qu'est la réalité et la façon dont nous la devons connaître, qu'il a été dit : « Que ceux qui ont édifié leur sagesse sur le modèle pris à la conception commune de la réalité, deviennent fous ; et que ceux qui, prononçant le mot infini de réalité, jettent autour d'eux le regard assuré de la connaissance et disent : « mon regard voit », deviennent aveugles. »

Qu'est-ce que la réalité ?

Par exemple, quel est le plus réel : Parsifal, héros imaginaire qui, dans les hauteurs de la conception humaine, est représenté éprouvant sous l'étreinte de Kundry la révélation du mal profond dont est faite la douleur humaine, ou cet homme qui n'est pas un héros élevé selon la sagesse des « conseils invisibles », mais un homme de chair et d'os allant et venant comme nous-mêmes, s'occupant de négoce, d'affaires, de médecine, de poésie, de la conduite économique et politique de l'Etat ? Et je pense aux recherches de la science expérimentale, qui après l'avoir fait passer par le crible et les calculs de ses laboratoires, proclame aujourd'hui tant de choses neuves, comme ceci, que formule le grand physicien Eddington : « Si, tenant compte du vide qui entre dans la constitution de l'atome, on réduisait l'homme à être représenté objectivement par les éléments qui ne sont pas en lui ce vide constitutif, on obtiendrait un point qui serait à peine visible dans le champ du microscope. »

En vérité, tout paradoxe écarté, qu'y a-t-il de moins imaginaire, du glorieux Parsifal, fils de notre amour poétique, ou, je ne dis pas de ce point infinitésimal, résidu de l'homme de la chair, tel qu'il nous serait abandonné par l'analyse scientifique, mais de l'image elle-même, de l'image vivante que nous nous formions autrefois de cet homme, de toute cette peinture d'ensemble qui se composait de la représentation si multiple de ses membres, de ses formes, de sa hauteur, de sa largeur, de son volume, et de sa physionomie, et de tout ce qui constituait le bien propre de son personnage ?

Si la science dit vrai, et si le point dont on parle est bien, sous le microscope, la formule où s'exprime la réalité pressée dans ses derniers retranchements, lequel, pourrions-nous dire, serait le moins imaginaire, ou le moins subjectif, le héros aux célestes ardeurs, s'efforçant de soulager la souffrance humaine, ou cette construction de sensations et ce complexe intellectuel que nous appelons une figure humaine et qui, dans le monde objectif, du moins tel que nous le comprenons, correspondait si peu à ce que nous croyions voir ?

Voilà qui porte dans une étrange lumière la vision courante que l'homme se fait de lui-même. Et comme celui qui voit est, par rapport à cette réalité « scientifique » du point à peine visible au microscope, le même que celui qui est vu ; et comme celui qui voit ainsi, sujet et objet à la fois, ne peut être de cette vision le créateur, il faut donc que la totalité des sujets et des objets humains soient, en tant qu'ils affectent la forme de corps dits matériels, la vision d'un esprit qui en embrassa l'ensemble, et dans lequel ils sont inscrits comme des représentations et comme des images.

Et, en supposant même que cette dite réalité des choses comprenne l'existence de quelque résidu objectif, cette vision propre de l'homme n'en serait pas moins un rêve, une création mentale de toutes pièces, représentation théâtrale en quelque sorte, où personnages et décors ne seraient même plus de simples personnages sur un mur, mais des visions n'ayant d'autres couleurs et d'autre vie que celles qu'elles possèdent dans l'esprit qui les conçoit.

O rêve de Louis de Bavière, de quel rêve de rêve serais-tu le fils !

3 juillet.

A ma table j'écris, les yeux fixés sur l'imaginaire, sur tout cet imaginaire que l'on croit si peu être l'imaginaire. Car, voici : nous croyons que seul puisse être l'imaginaire ce qui est imaginé par notre esprit dans la sourde activité de sa mystérieuse et éternelle quête d'un irréel qui serait plus réel que ce que nous appelons le réel. Et c'est cela, cet acte passionnel de la raison se dépensant toujours à courir d'un irréel à l'autre, d'un irréel plus réel à un moins irréel, comme un amant cherchant sa bien-aimée dans les enfers, c'est là le propre du drame humain, lequel se glisse jusque dans l'acte austère de la science — de la science qui s'attache à l'imaginaire parce qu'elle veut savoir par elle-même, et elle-même, au lieu de n'aspirer qu'à reconnaître ce qui est *su* éternellement. Mais, si les individus connaissent comme imaginaires ce qu'ils imaginent, l'imaginaire conçu antérieurement à eux-mêmes, conçu dès le commencement, comme dit l'antique esprit biblique, par le génie de l'espèce, ils ne le savent point reconnaître ; et, comme cet imaginaire les engendre individuellement, ils ont les yeux fixés sur sa trame et l'appellent Réalité... Ainsi, un grand mensonge congénital est à l'origine de la connaissance humaine, et c'est à ce grand mensonge et à la vérité qu'il cache, mais qu'il ne peut cacher tout entière, que se rapportent tant de fameux et beaux mythes de la « délivrance »...

Le mythe de la délivrance est le fruit le plus authentique et le plus pur qui se puisse cueillir à l'arbre du secret jardin de l'homme. Les formules scientifiques ne parleront jamais de ce fruit-là, parce qu'elles ne sont pas en rapport avec le vrai monde de la vie. Mais les mythes, eux, sont la sagesse des anges. La nuit, par les hautes cheminées, les anges, pendant les sommeils, viennent répandre sur les yeux les histoires héroïques qui seules mettent les esprits sur la voie du savoir. La délivrance du mal ! — du mal, constitué par le mensonge dû à l'ignorance, et par l'ignorance attachée au mensonge.

Ici, devant ce château, la délivrance, c'est Lohengrin. Et l'âme humaine, c'est Elsa. Elsa, en voyant apparaître Lohengrin, le reconnaît. Mais le « reconnaître » ne suffit pas à son immense enthousiasme. Elle croit qu'il y a quelque chose de plus profond que « reconnaître » et que cela s'appelle « savoir ». Elle n'a pas vécu dans les profondeurs de son âme le fait qui dissocie à jamais l'acte du *savoir* et l'acte du *reconnaître*. Elle n'a la connaissance que du *savoir* de l'homme, il ne lui a pas été révélé que le *reconnaître* vient de plus haut. Elle veut savoir son nom. Qui es-tu ?... demande-t-elle.

Jamais ne m'interroge
ni ne porte souci
du pays d'où je viens.
Jamais ne me demande
ni mon nom ni mon être...

Cela désigne, en termes de théâtre, ce qui est inscrit à jamais sur l'unique porte de sortie ou certaine porte étroite de la sombre cellule dans laquelle est enfermé tout l'univers des sens.

— Pourquoi me dis-tu : « Ne me demande pas » ?

— Parce qu'il n'y a pas de mots pour le dire, et que donc toute parole te tromperait et, en te trompant, t'engagerait plus avant dans la funeste voie de l'homicide illusion.

— Quelle homicide illusion ?

— L'illusion qui t'attache à une fausse réalité...

— Et quelle est cette fausse réalité ?

— Celle qui t'inspire la croyance que des mots connus de toi sauraient te la faire connaître...

— Comme ton langage est obscur !

— Mon langage n'est obscur que parce que ta prison est elle-même celle du langage... Si tu savais ne plus porter de langage en ton âme ; si, dans ton âme, quelque chose de plus grand que toute parole vivait, sans que tu te prennes pour l'entendre au piège sonore des syllabes, alors, n'ayant pas besoin de l'aveu de mon secret, tu saurais qui je suis et nul événement ne pourrait plus nous séparer.

Ainsi, en attendant l'initiation future, le bonheur de Lohengrin et d'Elsa repose sur un acte de foi absolu. Mais Elsa a douté, et Lohengrin retourne vers son mystère.

Et voilà pourquoi l'humanité perd Lohengrin. Parce que l'humanité veut des mots. Parce qu'elle veut les mots mêmes qu'elle a balbutiés dans son rêve ; parce qu'elle appelle réalité le contenu que son esprit a enfermé dans ces mots pour nommer cette réalité et pour y croire.

Dans le cadre de ma fenêtre, pendant que j'écris, se modèle, sur le fond brumeux de la montagne, avec une intensité de couleur surprenante, la toiture ardoisée de cette tour effilée du guet suprême, qui est tellement, là, au milieu de la carcasse neigeuse du vieux monde, comme le cri étouffé de l'espérance humaine, qui s'efforce hors de la pierre, s'efforce hors de la chair, s'efforce hors de la matière.

Pauvre roi Louis II, tu es mort trop tôt !

« Il faut que les sages deviennent fous. »

« Il faut que ceux qui voient deviennent aveugles... » Tu es mort avant d'être devenu aveugle, avant d'avoir, du fond de ta souffrance, qui promettait si grandement d'être indomptable, fait ce geste de l'homme qui, par horreur du fini, le détache de son propre corps, le repousse de son propre esprit, de sa propre âme, l'écarte éperdument de tout son être et, soudain, quelquefois tout à l'extrémité de ce geste, rencontre l'infini !...

Tu n'as pas vu, n'étant pas devenu aveugle, et tu n'as pas connu, n'étant pas devenu fou, que ce à quoi tu voulais échapper était l'irréalité même, l'irréalité douloureuse qui se faisait appeler le réel sous la lumière d'un trop massif flambeau dont tu éclairais tes pas... Tu n'as pas vu que ce chandelier étincelant n'était pas fait d'une irréalité moindre que la pauvre réalité qui te trompait si bien sur elle-même.

« Le jour du jugement est sa dernière espérance, car alors il pourra mourir... »

Tu n'as pas compris le sens merveilleux de ce « mourir ».

« O monde, suspends ton cours et reçois-moi, éternel néant ! »

Tu n'as pas compris que c'était là le néant qu'il te fallait traverser — non point romantiquement sans doute, le casque de Lohengrin en tête et un cygne de bois peint t'emportant sur un triste faux lac — mais le néant d'un monde qui devait mourir en toi, qui devait mourir dans tes yeux, comme aux pieds de ton Parsifal se sont évanouis, de par le signe du Pur et du Fort, tous les sortilèges du magicien. Telle est la vérité suprême. Mais tu as voulu trouver la lumière avant d'être passé par la grande nuit obscure ; et tu as cru, pour t'éclairer dans ta fausse nuit, à la réalité du flambeau que tu tenais dans tes mains. Alors, tu es tombé avant la révélation..

Car il y a une révélation.

Cette révélation n'est pas seulement un acte de haute et divine inspiration, par extraordinaire accordée aux créateurs et législateurs de religions, mais un enseignement de la vérité essentielle du monde, dispensé à tous les hommes dont le cœur a été ouvert par le désir.

Il y a une révélation, une révélation qui a pour théâtre la conscience de l'homme et pour substance le monde de l'Etre, qui, lorsqu'il est compris, entraîne la transformation prestigieuse du monde des apparences sensibles.

Cette révélation est la connaissance. Cette révélation est même la seule voie par laquelle la vraie connaissance puisse être atteinte par l'homme.

Je ne savais pas cela autrefois, quand je pensais qu'il n'était pas de vérité accessible à l'homme qui ne pût être atteinte par ce que j'appelais l'intelligence de l'homme. Cette intelligence, je l'appelais aussi l'esprit, et je pensais que le monde se partageait en deux grands domaines nécessaires : celui de la matière et celui de l'esprit ; et je pensais que les dons de l'esprit se confondaient avec les puissances de l'intelligence, je méconnaissais, je ne connaissais pas encore la grande division de l'univers vivant, « les étapes » de l'évolution du monde, de l'évolution du monde en lui-même et de l'évolution du monde en chacun de nous : le matériel, l'intellectuel, le spirituel.

Je ne connaissais pas encore le spirituel. J'étais enfermé dans la prison des représentations mortes, dans la chambre intérieure aux murs tapissés de dessins et de figures, dans lesquels ceux qui étaient venus avant-moi m'avaient appris à voir et à nommer la réalité.

Il y a une révélation. Et voilà le secret personnel que je porte en moi depuis des années. Et ce secret je ne veux pas mourir, m'effacer dans le silence, avant de l'avoir versé à la consignation commune des vérités, dont l'homme ne peut se passer pour vivre.

Mais il y a aussi, hélas ! que, dans la marche que mon destin m'impose, j'en suis précisément rendu au point d'où je vois, avec toute la certitude puisée à mon propre redressement, que ce n'est pas avec un simple regard dirigé du sein de l'intellectuel, de ce domaine où tous se tiennent d'ordinaire comme au centre de toute vie de l'intelligence, que l'on peut démêler l'existence de ce « spirituel » infini, et les nouveautés et la plénitude de son univers.

Et alors, je dirais tout de suite, afin de jeter la lumière d'une formule sur ce monde infini, composé de deux mondes qui s'affrontent et sont à la veille d'engager leur plus grand combat, afin de guider d'une pauvre petite lumière les esprits prompts à s'éclairer : l'intellectuel est une représentation sans substance, le spirituel est la substance sans représentation.

L'intuition claire, l'appropriation personnelle de cette vérité, saisie vivante dans son irréductible opposition, a, dans la vie des individus, en attendant qu'elle les ait dans la vie entière des sociétés, des conséquences incommensurables.

Alors, je suis venu ici pour reconstruire, chaque jour, dans le silence, le monde qui s'est révélé à ma pensée. Il me semble que, dans ces montagnes, les inspirations sont plus pures, que, dans la montagne, on est toujours un peu avec l'Esprit, avec la Vérité, avec le Christ... Et puis, ici il y a aussi un lac — un lac comme dans l'Evangile, le fameux lac que Jésus, dans la barque de ses disciples, traversa d'une seule pensée, faisant ainsi disparaître le fait humain de l'espace à parcourir, l'image humaine sans substance de l'espace, espace possédé tout entier dans l'amour. Car là est la révélation. Dans des faits semblables tient la révélation.

Il y a ce lac... Et il y a ce château aussi, cette naïve illustration de la même fatale erreur que subissent tous ceux là qui sont encore dans les liens de l'esprit de leur première naissance.

A la vérité, ici, dans ces murs, a été livré un noble combat : un prince s'est enfermé dans le silence, avec les mythes des Dieux, pour lutter contre les empiétements insensés d'un certain homme né depuis peu à la lumière de la terre, et que désignent deux mots qui ne figurent pas dans le vocabulaire de Dieu : l'homme objectif.

Certainement, il y eut dans le romantisme, que l'on représente si souvent accoudé sur un tombeau, quelque chose de beaucoup plus sérieux et profond que cette attitude transitoire.

Les terribles tristesses de l'âme romantique à l'approche de l'univers silencieux qui s'annonçait, étaient parentes de celles de la célèbre « Melancholia » de Dürer, si insondablement bourrelée de ses pressentiments, au milieu de ses multiples et vains appareils de la science.

Elle aussi, elle la première, voyait le drame se préparer à l'horizon des choses, et l'on se rappelle son émouvante figure de bronze, s'allongeant et se crépusculant sous sa molle couronne de fleurs ophéliques, dans le regret impuissant et sans bornes des grands mythes instructeurs de l'homme, disparus et envolés.

Aux héros du mythe, qui apportaient une science étonnante et profonde, aux vérités de la race des Dieux, qui, par la voie magnifique des airs, arrivaient jusqu'à l'homme à travers le vent et l'orage, et qui naissaient, comme la pure fleur du ciel, du sang même des champs de bataille, à toutes ces vérités grandioses qui étaient le seul rayon pénétrant dans la triste chambre des images, les générations nouvelles ont opposé la science ou connaissance d'un monde amoindri.

8 juillet.

Devant ma fenêtre, ce soir, la lune monte, s'élève, assiège de ses blanches caresses la noire profondeur des sapins, étincelante comme une transparente chair divine.

Trompeuse lune, toi aussi tu m'as leurré toute une partie de ma vie, quand tu étais la déesse de ma jeunesse, le divin flambeau des soirs qui allumaient au fond de mon amour tant de belles fêtes d'avenir. Comme je me souviens de toi, trompeuse lune ! Oui, trompeuse lune et cher souvenir, j'ai cru en toi, en ton fantôme, j'ai cru en la force humaine des héros dont ton flambeau éclairait les visages, jusqu'au jour où, détournant la tête et abaissant mes yeux, j'ai cessé de te connaître.

Mais aujourd'hui, levant de nouveau mon regard, je vois quels abîmes de tendresse remplissent tes abîmes de mensonges...

Tu n'es pas, trompeuse lune, complètement fausse et je te regarde, blanche Séléné, tracer au milieu du ciel ta rayonnante trajectoire, au milieu du paysage noir, au milieu de la sombre fourrure de la nuit, de la nuit silencieuse.

Silence, oui, silence partout, silence dans les bois... silence dans mon humanité... car mon humanité fait silence, et je sais pourquoi... Et il me semble que de ce silence, comme du haut de la fenêtre d'un royaume, je fais ployer mes regards sur une immense tombe de marbre éclatant, grand marbre sous lequel est enseveli un indicible amour. Tombeau de marbre, blanc comme la pureté du cygne. Des diamants scintillent dans les murailles, des pierres sont incrustées de feux précieux... Une molle douceur enveloppe le souvenir d'une âme qui s'est débattue dans les chaînes, car, dans ce Neuschwanstein, se font entendre toujours de profonds bruits d'enchaînements... souvenir du dernier jour. Tragique souvenir, qui m'étreint et auquel, à la lumière nocturne qui blanchit mon papier, s'ajoute mon propre souvenir.

O souvenir, ô cuisant souvenir... je veux t'évoquer ce soir.

Un jour arriva, où, après une existence déjà longue, abandonnée au démon qui réglait tous mes événements selon les suggestions de son humeur, des circonstances que j'appelle aujourd'hui providentielles, fortes de cette indiscipline, dirigèrent contre moi leur malice et me plongèrent dans un monde de détresse.

Ce jour-là, pour me servir d'une image qui aidera à mes paroles, je m'aperçus qu'une tête de Méduse avait été comme roulée dans le fond de mon âme, et que, de là, cette tête coupée, avec sa chevelure hérissée de serpents et toute sa hideuse figure, dont le regard tue les hommes, me contemplait. Le sang de cette tête dégouttelait sur l'intérieur de ma vie, et j'avais l'âme ensanglantée de cette pourpre impressionnante.

Ce sang de Méduse s'était inoculé à mes pensées, et, de mes idées, il n'en était pas une seule qui ne fût imprégnée de l'esprit de Méduse. Le souffle glacé de cette bouche respirait jusque dans mon intelligence.

Alors, sans appeler personne à mon aide — si j'avais compté sur le secours de quelqu'un, j'étais irrémédiablement voué à la pire des morts — je me jetai sur cette tête hideuse, la saisis dans mes mains, la labourai de mes ongles, lui arrachai lambeau sur lambeau, tordis ses serpents, m'efforçai de détacher cette chose de moi-même... Et voilà ! pendant de longues, longues années, je luttai de la sorte.

Peu à peu, j'acquis dans le combat une science que personne n'apprend des autres. Et ce fut ainsi qu'un jour (oh ! comme je le revois cet instant, qui fut si rapide et si beau !), dans un éclair de cette lutte à mort, comme je venais de disloquer un de ces reptiles et l'étreignais éperdument afin d'y étouffer la vie... Comment dire cela, maintenant ? Où prendre les paroles qui mettront sur la voie de cette lumière si étrange... ?

... L'on se rappelle la belle histoire de Moïse, l'Egyptien.

Moïse paissait le troupeau de Jethro, son beau-père. Il était venu jusqu'à Horeb, à la montagne de Dieu. Il vit un buisson tout en feu qui ne se consumait point et entendit une voix qui l'appelait au-dedans de ce buisson. Il s'approcha et la voix de l'Eternel lui parla et il entendit les paroles divines, telles qu'on les trouve rapportées au livre de l'Exode. L'Eternel commanda à Moïse de retourner auprès de son peuple et de lui rapporter tout ce que l'Eternel avait dit, et comme quoi il le ferait remonter du pays d'Egypte, où il était affligé, pour lui faire connaître un pays où coulent le lait et le miel.

« Va là, avec les Anciens d'Israël, trouver le roi d'Egypte, et ils t'obéiront. »

Mais Moïse se sentait faible et timide ; et il s'écria que de son peuple les Anciens n'obéiraient pas à sa parole et lui diraient :

« L'Eternel ne t'est point apparu. »

Alors l'Eternel lui dit (Et voici la belle histoire) :

— Qu'est-ce que tu as à la main ?

— Une verge de saule, répondit Moïse.

— Jette-la par terre.

Moïse jeta sa verge.

Mais, lorsqu'elle fut à terre, cette verge se changea en serpent. Et Moïse éprouva une si grande frayeur de ce serpent qu'il se sauva au loin. Mais l'Eternel le rappela.

— Etends ta main et saisis sa queue.

Moïse étendit sa main, saisit la queue du serpent, et voilà : le serpent redevint verge en sa main.

— Fais cela devant eux, dit l'Eternel, afin qu'ils sachent que l'Eternel t'est apparu. C'est-à-dire prouve-leur que le serpent et la verge de saule c'est tout un pour qui a vu Dieu. Dieu, qui n'est pas un juge mais l'univers véritable, mais le Moi en lequel nous sommes tous réunis, pensés par Lui.

Moïse ayant *vu* Celui qui dit : « Je suis celui qui suis », ayant *vu* l'unique Réalité, ayant *vu* la Substance, alors, la verge qu'il tenait à la main fut changée en serpent, et le serpent en verge, parce que le monde sensible n'est qu'un monde de représentation sans substance, qui, par l'intermédiaire de la conscience humaine, est soumis au règne pacificateur de la Pensée éternelle.

Bouleversante leçon, qui porte sur la nature primordiale et constitutive de toutes choses. Car le serpent, la verge, sont ici les deux êtres qui symbolisent toute la nature visible. Et la merveilleuse leçon de cela (leçon que nous retrouvons identique dans le mythe de Protée), c'est que les choses qui sont ne sont point d'une autre nature que celles qui ne sont pas, qu'elles sont les unes et les autres de simples représentations, je ne dis pas dans notre esprit mais en l'esprit où nous sommes nous-mêmes une image.

Ce fut ainsi qu'un jour, comme je maniais dans le sang et la douleur un serpent que je venais d'arracher de la tête de ma Gorgone, le serpent que je tenais se changea soudain, je ne dis pas en une verge de saule, mais en quelque chose qui, dans le domaine représentatif et non substantiel, ne valait pas beaucoup davantage, je veux dire en une simple *idée*.

Tel est le grand secret du monde. De même, le serpent horrible avait perdu à mes yeux sa qualité de réalité de serpent, et, comme si, à force de le combattre, je l'avais connu davantage et qu'une connaissance meilleure eût été le prix du combat, sa qualité, sans cesser de simuler son espèce, était descendue de plusieurs degrés dans le réel jusqu'à un état d'effacement où le reptile, avec ses mêmes dehors, n'avait cependant plus qu'une valeur d'image. Ce qui existait, à la place de toutes ces horreurs, c'étaient des peintures écrites en lettres de soufre et de feu sur les murailles de la chambre aux images.

Ainsi donc, telle vipère, attachée au front visqueux de cette tête pleine de mort, n'était qu'une représentation, une peinture poussée jusqu'à la limite où elle semblait participer de la vie même, n'était qu'une idée, qu'une image, qui ne tenait même pas à mon essence et n'avait devant mes yeux attentifs que la valeur d'une vision sans vérité.

Alors, voyant et comprenant que toute cette réalité venimeuse n'était qu'une insubstantielle vision créée par un cerveau antérieur à moi-même, celui que Jésus a appelé « le Père du Mensonge », je pris tous les serpents les uns après les autres, et, plongeant mon regard dans leurs yeux, à chacun d'eux séparément, luttai ainsi, non plus contré eux, en vérité, mais contre la terrible illusion qui voulait me faire croire que c'étaient là de vrais serpents. Et les serpents s'évanouissaient, et la tête de Méduse se dégarnissait ainsi, peu à peu, de ses terribles cheveux reptiliens, tandis qu'elle-même disparaissait, et jusqu'à son affreux regard métallique, qui fut ce qui s'éteignit en dernier, dans les ombres profondes de ma solitude.

Mais, lorsque la Gorgone fut supprimée, je m'aperçus qu'elle avait laissé des traces d'elle-même et comme un sentiment d'elle-même dans toutes les idées qui traversaient mon esprit, qui occupaient le champ de ma pensée.

Alors, je commençai à traiter mes pensées avec la même rigueur impitoyable que j'avais appliquée aux membres de la Gorgone. Je les enlevais les unes après les autres, je les chassais. Toutes les pensées, toutes les images dont la présence dans mon esprit n'était pas nécessitée par les besoins de mon occupation ou de ma tâche, étaient impitoyablement renvoyées au sein de la nuit obscure d'où elles étaient sorties pour occuper d'elles-mêmes ma conscience ; je me défiais de toutes les représentations inutiles, et n'en voulais plus en moi.

Le moindre recoin de moi-même fut ainsi vidé de tous ces fantasmes auxquels l'esprit s'attache comme à son fruit. Tous les jours, je visitais avec ma lanterne ces carrefours secrets de ma Jérusalem, pour voir s'il n'y avait pas là quelque image trop humaine, tapie dans un coin de rue, et prête à me faire agir et penser, comme je ne voulais ni agir ni penser. Un étrange goût, en même temps, me venait pour cette obscurité intérieure qui n'était point le vide, comme pourraient le supposer les esprits sans expérience, mais un espace profond, qui valait par lui-même.

Mais voici qu'ayant pratiqué pendant de longues années la nudité intérieure, et ce dépouillement des sensations et des pensées, des formules et des images, des prévisions et des souvenirs, et de toute cette herbe pressée qui ne demandait à tout instant qu'à pousser davantage, voilà qu'il m'arriva un jour d'éprouver au fond de moi un tressaillement vivant, comme une grande flamme de vie sublime, qui était la vie même, et n'avait besoin, pour se représenter à mon évidence selon sa vraie figure, ni de pensées, ni de formules, ni d'images.

Voilà pourquoi je comprends bien la tragique aventure de Louis II de Bavière et pourquoi j'aime jusqu'à la pitié ce blanc Neuschwanstein, qui est comme l'image, reflétée au fond du lac, de la solution, pure, sans parole et sans musique, qui s'offre au fond du cœur.

20 juillet.

Je mesure, je pèse toute la portée de mes paroles.

En vingt ans de combat contre l'irréalité des images, j'ai eu assez d'occasions d'en brûler, des illusions verbales, et des fantômes de l'imagination, et je sais qu'il en est, de ces espèces ! Et quand je parle de l'Etre dont j'ai eu la vue éblouie, je ne me prends point à la duperie des termes. Ce n'est pas d'une « généralisation » ni d'un « vocabulaire » que part l'acte de mon intelligence ni d'une expérience individuelle de la nature de celles qui déterminent ce qu'on a appelé un « cri d'enthousiasme ». Non, il n'y a de mots et de cris que dans la chambre que j'ai quittée.

Cette chambre, un des grands esprits qui seront plus tard l'honneur de l'humanité, quand on aura compris leurs admirables conceptions, le prophète Ezéchiel en parle dans une de ses visions que j'ai déjà évoquées :

« Fils de l'homme, lui dit l'Eternel, lève tes yeux vers l'Aquilon et regarde les abominations que commettent les hommes… »

Je regardai et voici : toutes sortes de figures de reptiles, de représentations de bêtes, de démonstrations d'objets de toutes les formes et de choses abominables, tout cela était peint sur les parois tout autour…

Et tous les hommes se tenaient devant ces figures, chacun avec un encensoir à la main, d'où s'échappait une épaisse nuée d'encens.

Alors il me dit : « Fils de l'homme n'as-tu pas su tout ce que ces hommes ici commettent dans ces ténèbres, chacun enfermé dans son cabinet d'images ? »

Le mal, les abominations qu'ils commettent c'est de croire qu'ils sont, au pied de ces images, devant les formes de la *substance*.

25 juillet.

Il y a bien des manières d'entrer dans la vérité : il y a la manière scolaire explicative, la démonstration avec la craie sur le tableau noir. Et il y a aussi une autre manière... On a raconté l'histoire de cet homme qui, ayant été emmené en pleine mer dans un mauvais dessein, et lâché meurtrièrement du haut du navire, fit si exactement, par le plus pur hasard, dans l'élément redoutable, les gestes parfaits de la nage la plus accomplie que, se sentant du même coup le maître de son existence, il se mit à fendre les flots et vécut dans la mer avec volupté.

J'aurais bien pu, pendant six mille ans, étudier le christianisme, en apportant à cette étude, si c'eût été possible, l'intelligence la plus haute. Je n'y aurais exactement rien vu et rien compris.

Mais, grâce à ce combat contre Méduse, j'ai appris à discerner, jusque dans les fondements les plus inattendus, ce qui est réel de ce qui est irréel ; j'ai connu *l'irréalité*, tout le vaste continent de *l'irréalité*, et, laissant tout cela derrière moi, je suis entré tout tremblant dans cette révélation de l'Etre, révélation essentielle, en dehors de laquelle et avant laquelle tout n'est que formules et figures du cabinet d'images.

Ce que j'ai trouvé dans la nudité obtenue de ma vie profonde, lorsque j'eus crevé les yeux à tous mes serpents ; lorsque tout ce qui semblait vivre en moi, de moi, et hors de Dieu, eut été réduit et changé en verge de saule, retraduit de verge en reptile, et repassé du reptile à la verge ; lorsque tout eut été ainsi, par un déductif enchaînement d'évidences, identifié comme image, comme image d'image, et ainsi de suite indéfiniment, jusqu'à réduction en image du dernier résidu de ce que j'appelais ma personnalité humaine, et que j'eus de la sorte trouvé, ayant réduit à néant toute image, ce principe éclatant, qui était tellement, à lui seul, toute la vie précieuse, qu'il me fit crier : « l'Etre, l'Etre ! », ce que j'ai vécu, rencontré à cet instant, incontestablement, c'est l'expérience religieuse fondamentale.

Ce jour-là, je suis entré dans le domaine de la connaissance, dans le domaine de l'expérience du Fils, cette expérience éternelle dont la récognition est infuse en tout homme. « Et voilà, ai-je pu me dire, voilà toute destruction préalable menée à terme, ainsi que le veut « la hache mise à la racine de l'arbre », ce qu'on trouve dans les profondeurs de ses propres enfers : la substance, cette substance que l'on espérait de toutes les requêtes de ses forces les plus secrètes, une substance en laquelle il n'y a plus d'images, parce qu'elle est la vie même.

28 juillet.

L'homme appelle l'homme ce qui n'est pas l'homme, et voilà ce qui le trompe. Cet homme que l'homme appelle l'homme est une des métamorphoses de Protée, ce que les sens appellent *réalité* et qu'il s'agit de saisir à travers toutes ses métamorphoses, non point pour ne pas la laisser fuir, mais pour ne point la laisser nous tromper. Eau, feu, tigre, dragon à la fauve encolure, forme de l'homme lui-même, tout ce qui semble tomber sous les sens, tu n'es rien de tout cela ; tu es Protée, c'est-à-dire ce qui n'est rien ; tu es l'image, tu es la trompeuse Maya. Ce qui est, c'est la révélation en toi de ce qui ne naît ni ne meurt, c'est l'épouse, celle qu'Orphée cherchait, qui est en dehors de toute personnalité, de toute image, et qu'Orphée perdit parce qu'il en fit une image et se retourna pour s'en saisir.

Orphée est encore l'homme, mais il est tout près de savoir. Il recherche son épouse, qu'il a perdue, la révélation de ce qui n'est pas Maya, de ce qui n'est pas le fractionnement illusoire des formes de rêve, le tigre, le feu, le serpent, la verge de saule. Il cherche celle qu'il appelle son épouse perdue, celle qui est digne de son amour et qui porte en l'amour qu'elle lui promet l'assurance du bonheur le plus pur. Il la cherche jusque dans les Enfers, jusque dans l'Empire des effrois et de la mort — car c'est par ces lieux voués aux ombres cruelles et à leurs plaintes qu'il faut passer — et il la trouve, et il l'emmène. Mais, soudain, son cœur d'homme sacrifié à l'erreur s'oublie un instant, un seul instant ; il voit son épouse dans *l'image d'Eurydice,* il cherche le visage d'Eurydice, il se retourne vers le visage d'Eurydice… mais, de même qu'il n'y a pas de tigre féroce, qu'il n'y a ni feu dévorant, ni baguette de saule, il n'y a pas d'image d'Eurydice… et il perd son Eurydice.

Elsa a perdu Lohengrin, parce qu'elle cherchait un nom, un visage. Orphée a perdu Eurydice, parce qu'il cherchait une forme, une image.

Si tu veux être fort, entre dans le royaume sans image de Celui qui dit : « Je suis Celui qui suis. » Non pas : « Je suis Celui qui est », qui laisserait supposer qu'il en est d'autres que lui-même, mais « je suis Celui qui suis », celui qui voit, non celui qui est vu, et qui, formule de l'universelle subjectivité, contient en son sein toute création.

Le vieillard Protée, après avoir révélé le mythe d'Orphée, va se jeter dans la mer. Et Protée, c'est le vieil homme.

29 juillet.

On a mis, dans tous les pays, un soldat inconnu sous des arcs de triomphe. Quand installera-t-on sous un pavé de choix, surmonté d'une flamme éteinte à jamais, la dépouille de ce vieil homme qui est celle de l'homme objectif ?

L'homme objectif, la plus terrible des créations des temps modernes, est véritablement le fils du péché — le fils de la femme et du serpent. — C'est là qu'il a pris naissance, dans cet œuf de l'antechrist... Mais cela s'est fait, peu à peu, comme un madrépore de corail, par une substantification verbale, qui s'est substituée, en dehors de l'Esprit, comme substance à la substance que l'Esprit seul connaît. Et de l'homme objectif lui-même naîtront, à n'en plus finir, d'autres objectivités gigantesques et monstrueuses.

Le drame fut la substitution de l'homme objectif à l'homme véritable.

En quoi le grand fait responsable de notre condition humaine est un égarement dans la connaissance, le vieux mythe éternel de la désobéissance première nous le montre d'une façon merveilleuse.

Connaissance du mal : pensée de négation, supposition de quelque absence de Dieu, de quelque absence de l'Etre ; pensée sans lien avec la vie, sans lien avec l'Etre. Et manger le fruit de la connaissance du bien et du mal n'est pas acquérir la connaissance de ce qui *est*, c'est se mettre dans la dépendance de ce qui n'est pas, c'est-à-dire faire sienne la notion qu'il y a à la fois un bien et un mal, un mal opposé au bien. C'est perdre la notion de l'Etre, c'est perdre l'Esprit.

La mort est l'aboutissement de cette erreur. « Si vous en mangez, vous mourrez. » Connaître le mal fait mourir ; connaître le mal *est* le mal.

Alors le serpent dit à la femme : « Vous ne mourrez nullement ; vos yeux s'ouvriront et vous serez comme des dieux. »

... Ils en mangèrent, et les yeux de tous deux s'ouvrirent.

Ce qui s'ouvrit, puisque, déjà, en tant que créatures accomplies sorties des mains de Dieu, ils avaient les yeux ouverts, ce furent ces yeux particuliers de la connaissance du mal, ces yeux de la connaissance d'un monde qui n'était pas le monde connu de la seule intelligence qui connaisse.

Leurs yeux s'ouvrirent, c'est-à-dire que l'égarement commença ; et l'homme et la femme, créatures de Dieu, êtres spirituels, qui avaient vu jusque-là avec des yeux spirituels la création spirituelle de Dieu, cessèrent de voir l'Esprit, pour voir le contraire de l'Esprit, cessèrent de voir la Substance pour voir le contraire de la Substance, et virent *matériellement* ce qui avait été créé spirituellement. Au lieu de voir en eux, ils virent autour d'eux ; au lieu d'être la ressemblance de l'Etre, en qui tout est, ils furent la ressemblance du non-être, en qui tout est fractionné. Les fausses perspectives du non-être devenues les leurs, ils cessèrent d'être l'image de Dieu, d'être en Dieu, pour être *comme* des dieux, les centres illusoires d'un faux univers. Ainsi est née l'objectivité : d'une faute contre l'Intelligence. L'objectivité n'est pas l'œuvre de Dieu, l'objectivité n'est que l'objectivation du non-être.

Et cela est si vrai que l'Eternel dit au serpent : « Puisque tu as fait cela, tu seras maudit entre toutes les bêtes, tu marcheras sur ton ventre, et tu mangeras la poussière tous les jours de ta vie. »

Et l'intellect, en effet, qui ne connaît que l'horizon de la chambre des images, qui ne peut supporter dans sa science la concurrence de l'intelligence de Dieu, ne s'avance qu'en marchant sur son ventre, et mange la poussière et se nourrit de poussière, c'est-à-dire d'objectivité, c'est-à-dire de néant.

Pauvre Louis II, pauvre écolier ingénu et passionné, dans ton château de Neuschwanstein, tu t'es enfermé toi aussi dans un cabinet d'images, encore que tes images, inspirées par les mythes, vision de la sagesse éternelle, aient été choisies pour lutter contre le monde des images grossières, des images inférieures qui prétendent être, faits et lois, l'univers dont dépend l'homme. Fils de l'esprit de la Terre, qui est celui qui prend les images pour les manifestations de la vie, tu t'es enfermé dans l'objectivité, fruit du péché originel, conception de l'erreur et du péché humain. Tu es mort pour n'être pas devenu aveugle, aveugle au monde tel que nous le voyons, pour n'être pas devenu fou. Tu n'as pas compris que l'homme qui dépend de cet univers n'est pas l'homme et que, pour sortir de cet univers, il faut cesser d'être l'homme de cet univers, il faut prendre la porte qui mène dehors. Et cette porte n'est pas la mort. Cette porte est un être, et elle est, dans chaque homme, l'Etre de celui qui a dit : « Je suis la porte. »

Jésus a dit : « *Je suis la porte*. Si quelqu'un entre par Moi, il sera sauvé ; il entrera et il sortira et il trouvera de la pâture. »

Aujourd'hui, je sais ce que cela veut dire : « Je suis la porte... » Il faut Me trouver pour entrer, c'est-à-dire voir la lueur, la lumière de conscience, qui est Moi. C'est, comme sur la mer ténébreuse, la nuit, lorsque le regard anxieux de l'homme aperçoit soudain au loin une lumière. Cette lumière a jailli des ténèbres et il l'aperçoit. C'est quelque chose de nouveau, il la voit.

Ainsi en est-il de la porte lumineuse qui, tout d'un coup, révèle sa présence dans les ténèbres de l'intellectuel. Vous qui connaissez Dieu, lisez les savants à la lueur du flambeau de Dieu. Lisez-les tous, ceux qui cherchent, leur crayon en main, le secret de l'univers, et qui sont dans les ténèbres. Certes, de courageux, d'admirables chercheurs et qui portent au front le pur diamant de leur honnêteté intégrale. Et c'est cette honnêteté qui les éclaire, c'est ce rayon, émané de leur parfait amour de la vérité, qui est leur plus haute méthode et leur opération la plus sûre.

Mais ils ne sont pas ceux dont parle Jésus : « Ils entreront et ils sortiront et ils trouveront de la pâture. »

Ils n'ont pas fait l'expérience de cet état de conscience qui est la porte, de cet état de conscience qui s'appelle Jésus-Christ, et par lequel il faut passer pour entrer dans le sanctuaire de la connaissance. Alors là, vous pourrez entrer et sortir, c'est-à-dire que vous vivrez avec Dieu sans cesser de vivre avec les hommes. A volonté, vous serez avec Dieu et vous serez avec les hommes, vous entrerez et vous sortirez.

Votre état de conscience se sera étendu jusqu'à Dieu et vous n'aurez aucune peine à faire vos pas humains dans ce domaine des sens, que vous aurez identifié comme un domaine illusoire, et vous demeurerez, en attendant la fin du songe qui vous concerne, en compagnie de toutes les grâces puisées à la source de l'intelligence et de l'amour.

Vous entrerez et vous sortirez et vous trouverez de la pâture.

Que sont les formules précises qui nous donnent la vitesse des nébuleuses, à côté de cette phrase qui fait vivre devant nos yeux les images qui contiennent l'explication du monde. Car, en réalité, ce : « Je suis la porte » signifie : Je suis la porte de la Science.

La méthode pour savoir, qui n'est pas la recherche de ce qui n'est pas la vie dans ce qui n'est pas la vie, la méthode pour savoir, qui est d'entrer dans la vie, c'est d'entrer dans l'Etre. Et seuls savent ce qu'est l'Etre ceux qui l'ont trouvé. Ceux-là ont trouvé la Substance. Les autres n'ont pas trouvé la Substance. Les autres s'agitent dans un monde de représentations sans substance, représentations qui, sans la substance, ne correspondent à rien qui vive.

Mais, encore une fois, il y a un médiateur, c'est celui qui, né dans ce monde de représentations sans substance, a réalisé son vrai Moi dans la substance sans représentations, c'est-à-dire dans la vie elle-même et dans la vérité elle-même. Et le moyen, pour l'homme aussi, de s'affranchir du supplice d'une fausse vie passée à tourner sans résultat dans le cercle de l'intellectualité sans substance, est de réaliser en lui le médiateur lui-même.

Celui qui a dit : « *Je suis celui qui suis* » a mis en vous un « je suis » qui est la porte, qui est votre porte, la seule porte qui vous mène où se trouvent le savoir et la liberté. Car le savoir et la liberté ne sont pas des choses, mais un lieu qui n'est ni dans le temps ni dans l'espace.

Je suis la porte signifie : Je suis la porte de la sortie de l'espace et du temps, la sortie du non-être, la porte d'entrée de l'Eternel, la porte de l'entrée dans l'Etre.

Ce qui ne vous empêchera pas d'aller et de venir ; comme je vous en donne un exemple ici moi-même...

Ne soyez plus des objectiveurs de néant. Et sachez que votre conscience simplement humaine est une objectivité — cherchez-Moi, luttez dans le subjectif universel, là où, dans l'unité, il n'y a plus de différences que les différences éternelles.

10 août.

Il y a une totalité du monde, une quatrième dimension du monde, à la connaissance de laquelle ce que nous appelons l'homme est appelé à ouvrir les yeux pour être sauvé de l'état où il est maintenu par cette non-connaissance.

La vie ne part pas de nous et n'est pas nous. Elle est l'Etre et elle part de l'Etre. Ce n'est donc pas de la compréhension de ce que nous croyons être la vie en nous que dépendront toutes choses.

25 août.

Tout le mal du monde vient d'un égarement dans le principe même de la connaissance. Cette diagnose deviendra de plus en plus patente à mesure qu'on connaîtra davantage les principes profonds du Christianisme.

Il n'y a ni deux Vérités, ni deux esprits de Vérité. Le champ exploré par la science n'est pas le champ de la réalité.

L'analyse scientifique des choses nous montre que nos sensations sensorielles ne sont que des représentations intellectuelles, sans aucune correspondance de forme et de nature avec ce qui semble nous entourer. Sous les investigations de la science, l'univers que nous connaissons disparaît. Et non seulement disparaît l'univers que nous connaissons, mais toute espèce d'univers matériel tend à disparaître.

La réalité par les sens ne fait que nous montrer le drame dans lequel l'homme s'est aventuré. Il s'agit aujourd'hui de savoir si l'acte par lequel il s'est déclaré pour cette recherche n'est pas une faute initiale qui a entraîné une monstrueuse erreur, et si la voie dans laquelle nous nous sommes engagés à la suite de la science n'est pas la voie de la perdition. Rien de moins.

Le savant, pour aboutir à ses conclusions, a suivi de tout autres méthodes que celle de la pensée guidée par la vue chrétienne de l'expérience puisée dans la connaissance de l'Etre. Le savant a suivi des méthodes qui, au regard des voies de la Vérité, sont mauvaises. Mais il ne peut s'agir, si favorables que paraissent être ses conclusions actuelles à l'idée que présente et défend l'esprit religieux, de s'appuyer sur ses conclusions pour déclarer que l'on y voit bien une preuve que la religion « ne se trompait pas ». Non seulement ce serait là une mauvaise méthode en soi, mais ce serait, si on s'y laissait aller, une catastrophe, également en soi, c'est-à-dire sans recours ni espérance.

Les services rendus par la science à la vérité religieuse sont dans un plan tellement profond qu'il n'est pas possible de les voir au premier abord.

Il est impossible, quand on a compris le christianisme et sa grande leçon — révolutionnaire dans la proportion même où elle est constructive — de ne pas considérer avec émotion l'œuvre de la science actuelle. Car, ce n'est pas, à l'exemple de tant d'esprits bien disposés mais restés à l'écart de toute la lumière nécessaire, l'effroi qui me saisit devant le vide que révèlent les recherches de la science, mais la joie. La joie de voir cette œuvre travailler sans s'en douter, avec une obéissance aveugle, aux grandes lois secrètes qui la poussent et qui en font l'instrument de ce véritable « retour éternel » à la Vérité, lequel est l'océan de l'Etre où aboutissent tous les fleuves.

Rien n'est plus inattendu ni plus considérable que l'évolution qui s'est produite, au cours de ces dernières années, dans les conceptions humaines de l'univers.

La science, qui partait de quelque chose qui était le principal des choses et qui légitimait et justifiait sa démarche, qui partait de la connaissance ou du moins de l'expérience de la réalité, qui connaissait une réalité, sur laquelle elle pouvait s'appuyer pour aller vers une connaissance plus approfondie, plus rationnelle de cette réalité, la science voit cette réalité elle-même, en tant qu'elle était connue comme réalité, se dérober à son analyse, et, ne pouvant plus s'appuyer sur rien qui soit de la nature des objets, cherche alors, non plus à approfondir la réalité ou à connaître ses lois, mais à savoir *ce qu'elle est*.

Le monde, du point de vue nouveau de la physique, n'est plus un spectacle réel, indépendant de nous, une réalité d'objets saisis extérieurement à notre être physique et dont nous prenons connaissance au moyen de nos sens, ce rapport entre le sujet que nous sommes, que nous prétendons être, et l'objet que nous connaissons, ou prétendons connaître, en dehors de nous, étant, en dernière analyse, ce qu'il est.

Selon le dernier mot de la science, le monde extérieur objectif n'est pas aperçu directement, matériellement. Ce monde extérieur est pensé par un esprit et c'est ce monde de pensées que nous voyons en notre esprit.

Ici, la science humaine va loin, descend profondément dans l'étude de la réalité. Cependant, elle n'a pas encore marqué le dernier terme de cette descente. Car il lui faudra bien reconnaître que, si nos esprits individuels qui voient ce monde de pensées en quoi consiste l'univers conçu par un esprit, sont nés d'atômes qui, dans cet esprit, existent en tant que pensées, nos esprits, comme l'univers lui-même, sont contenus dans cet esprit, sont individuellement des pensées de cet esprit. Autrement dit, si nos esprits individuels ne sont pas cet esprit que la science conçoit comme le créateur et le gouverneur du royaume de la matière, c'est que nos esprits individuels eux-mêmes font partie de ce domaine créé et gouverné, et qu'ils sont eux-mêmes, en tant qu'esprits, des visions, des représentations de cet esprit.

La tendance de la physique moderne est de réduire les éthers et leurs ondulations, qui forment l'univers, à des entités fictives n'ayant aucune réalité ailleurs que dans notre esprit. Le jour où on y sera parvenu, « cet univers se trouvera réduit, comme le dit James Jeans, à un espace vide à quatre dimensions totalement dépourvu de substance, et sans aucune physionomie, à part ses rides petites ou grandes, plus ou moins marquées et perceptibles dans la configuration de l'espace lui-même ; la substance en sera un mélange intime d'espace vide et de temps pur ».

Cette phrase qui s'élève des profondeurs du cabinet de Faust nous conduit au vide, à ce que nous appelons le vide, c'est-à-dire plus rien de ce que nous appelons l'humain, plus rien de la matière qui nous semblait être, en dehors de nous comme en nous, la réalité du monde. La réalité, résorbée en phénomènes de conscience, n'apparaît plus que comme des images dans un esprit dont les esprits humains font eux-mêmes partie en tant qu'images.

Partie du néant, *puisque partie de l'objectivité comme de la réalité*, la science devait aboutir à la négation de l'objectivité, c'est-à-dire au vide.

La science n'a été que logique avec elle-même.

Finalement, sans s'en apercevoir, elle a seulement accompli un grand détour, pour en arriver, comme les sceptiques, à nier ce qui doit être nié.

Les conclusions actuelles de la science font ressortir lumineusement toute la partie destructive du christianisme. La science aboutit au vide. *Et c'est essentiellement ce vide*, ce vide découvert, reconnu, décrit par la science, *que le christianisme, depuis toujours, appelle le monde*. Ce vide n'est qu'une subjectivité dans l'esprit de ce que Jésus appelle le « Père du mensonge » et que l'homme, ou mieux le faux homme, qui est la conception de l'homme de cette subjectivité, considère comme constituant le monde de la Vérité.

Et si les chrétiens devant cette déclaration du vide s'émeuvent et s'écrient : « Et la création de Dieu ! », qu'ils se reportent à la Genèse, et ils y verront, en lisant le premier chapitre, que la création de Dieu est purement spirituelle, que le mot : « Que la lumière soit » vint avant la création des grands luminaires, et que, par conséquent, la lumière que Dieu crée est dans l'homme et ne dépend pas des grands luminaires. Ils y verront que, dans ce récit de la création, qu'est la première création réelle, la lumière correspond à la compréhension de Dieu et que les Ténèbres, battement opposé, répondent dans la conscience à une nuit de lui-même.

La lumière du soleil, comme le soleil lui-même, sont la transposition invertie dans la chambre des images, ou représentation sans substance, de la lumière réelle, qui est la vie même de Dieu.

Car le récit auquel on se rattache toujours par une espèce de confusion, et que l'on considère comme étant le récit authentique et primordial de la création, est l'exposé de la création telle qu'on peut seulement la comprendre dans le monde de l'homme des images, c'est-à-dire dans le monde de l'homme après la faute, dans le monde de l'homme après que fut créée l'illusion de l'objectivité, après qu'eut apparu l'illusion de l'intelligence mauvaise et de ses puériles créations, après que se fut installé dans le monde négatif la fausse conscience de cette chambre des images, où le semblant de toutes choses absorbe l'idolâtrie du semblant de la créature de Dieu.

Dieu est Esprit. Et sa création est spirituelle.

Que les chrétiens lumineux, que les êtres d'élite que Dieu choisit, lisent l'histoire de la création du monde, non au chapitre II, qui est intitulé « Jardin d'Eden » comme il pourrait être intitulé « *Chambre des images* », qu'ils cessent de voir le récit de la création là où il n'est pas. Et qu'ils lisent le récit de la création là où il est annoncé, au chapitre Ier, qui, seul, est intitulé : « De la création du monde. »

28 août.

La science dépeint le monde qu'elle connaît comme étant celui qui a droit à l'appellation d'univers, sans se douter qu'il est lui-même déterminé par le rêve que représente ce rêve, qu'il est l'esprit de ce rêve, et que, précisément, ce que veut la religion ce n'est pas de couronner cet état, de le couronner roi, de lui passer la pourpre, mais de lui échapper, de le surmonter.

L'esprit scientifique, tandis qu'il lui semble que la tâche à laquelle il se livre consiste à connaître l'univers, *fait tout simplement l'inventaire de la chambre des images,* de cette chambre des images correspondant à la connaissance d'un univers à trois dimensions, qui est l'univers même de l'objectivité. Mais nous savons — et ceci est peut-être la plus importante découverte de l'esprit de l'homme des images — que la réalité comporte une quatrième dimension, qui est la fusion des trois premières avec un quatrième élément lequel transforme tout l'ensemble en une nouvelle unité de mesure, dont le caractère essentiel est de nous faire comprendre l'univers comme n'étant plus qu'un phénomène de subjectivité.

La connaissance de la *totalité* pour l'explication du monde, voilà ce que nous devons atteindre.

Tout l'équilibre scientifique humain actuel repose sur une opération d'esprit qui a pour fondement l'impression sensorielle, la sensation.

L'édifice scientifique de demain aura pour fondement la réalisation vivante du concept de Dieu en l'homme. La connaissance du Père constituera le principe de la connaissance. Le premier principe de la connaissance sera la connaissance de Dieu. Et ce n'est pas l'univers qui nous conduira à la connaissance de Dieu ; c'est l'intelligence de Dieu en nous qui nous permettra de comprendre l'univers, autrement dit la *totalité*.

La réalité, c'est tout ce qui est l'alpha et l'oméga ; comme Dieu, c'est tout ce qui est : l'alpha et l'oméga. Et Dieu est Esprit. La réalité n'est pas la verge de saule quand la verge de saule paraît être la verge de saule, et elle n'est pas le serpent, quand le serpent paraît être le serpent, puisque, tour à tour et indifféremment, le serpent et la verge de saule sont la verge de saule et le serpent. Et elle n'est pas davantage la main que Moïse retira de son sein toute blanche de la lèpre, ni la main qu'il retira une seconde fois, rendue à sa couleur première. Elle n'est ni serpent, ni verge de saule, ni main malade de la lèpre, ni main guérie de la lèpre. La réalité dit : « *Je suis celui qui suis...* connaissez-moi d'abord pour me connaître. » La *réalité* est un fait de connaissance qui part de la connaissance pour aboutir à la connaissance, sans passer par aucun objet.

Et ces mots ne sont mystérieux que pour les hommes de la « chambre des images ».

L'homme qui est sorti de la chambre des images, qui a échappé à sa propre image, n'est plus à ses propres yeux la mesure de la réalité. La réalité souveraine, ce n'est plus lui-même, en tant qu'il se connaissait comme homme de chair et d'os, mobile dans le monde, cause autonome commençant avec soi-même, et ce n'est pas davantage l'univers qui l'entourait, ce qu'il appelait la nature et ses tableaux, le cosmos illimité, qui lui donnait tellement l'impression d'un infini développé autour et au-dessus de sa personne.

Il sait, aujourd'hui, dans une lumière nouvelle, que c'est une *intelligence mauvaise* qui lui enseigna à regarder avec les yeux de la foi et à nommer réalité ces illusoires colonnes du monde.

La réalité est chose sainte, sacrée, incorruptible, divine. Telle est la connaissance qui doit être élevée dans l'esprit de l'homme à la dignité de principe absolu…

25 septembre.

Ce n'est pas moi, avec mes yeux de chair, qui vois cela : mes yeux de chair ne voient rien. Ils ne sont que l'organe du faux entendement mortel.

Et cet être que je vois, ce n'est pas l'être lui-même, mais le reflet de l'être qui est mon vrai moi-même.

Quand nous adorons Dieu, c'est l'amour de Dieu que nous éprouvons, c'est son amour que nous reflétons. C'est l'image de son amour qui arrive jusqu'à notre conscience. Celui qui aime est un homme qui laisse aimer Dieu. . De même que, dans un lac, le reflet ne voit pas, ne pourrait apercevoir, avec ses propres yeux de reflet, la réalité d'au-dessus des eaux, mais contient néanmoins une réalité, une peinture de la vérité.

Lorsque, l'an passé, je rêvais à ces choses, j'avais besoin d'un étang pour expliquer les pensées qui m'entouraient, pour expliquer ma vision chrétienne du monde, et la pièce d'eau que je voyais dans mon esprit était entourée d'herbes, d'arbustes, de verdures de toutes sortes, de lauriers taillés, de boules de neige et d'arbrisseaux retombant, sans parler des hautes futaies qui se rejoignaient au-dessus de son miroir et où un couple de ramiers bâtissait son nid. Je pensais à cet étang, auquel je faisais jouer un si grand rôle dans ma pensée, et voici que ce bassin, perdu au fond d'un vieux parc, je l'ai devant moi, vivant, semblable à un gouffre et tout rempli jusqu'au fond du reflet magnifique des forêts.

Et ce matin, tandis que je suivais dans les roseaux, au bord de ce lac, serti comme un joyau d'émeraude au milieu de la gigantesque toison des forêts, un petit sentier serpentant, et que je laissais aller mon regard à la beauté de cette surface si calme, il m'a semblé voir tout d'un coup, à l'intérieur de ces mystères d'eaux transparentes, la scène que dépeint Virgile en l'un des livres de ses Géorgiques : la descente du berger qui a perdu ses abeilles, vers la nymphe sa mère, habitante des ondes profondes — toujours des détresses et des descentes dans le lac sans fond des choses — qui, seule, peut remédier à son malheur.

Autour de la nymphe souveraine, toutes les nymphes étaient réunies, Drymo, Xantho, Ligée, Phylodoce... leurs cheveux flottaient sur leur cou délicat... Nésée, Spio, Thalie, Cymodoce et la blonde Lycoris, qui toutes déroulaient de leurs doigts agiles la douce laine multicolore de leurs fuseaux, et qui, entendant soudain le pas du berger résonner dans leur humide empire — ici soyons bien attentifs aux mots du poème — « restèrent immobiles d'étonnement sur leurs sièges de verre ». Eh bien, cette immobilité des nymphes sur leurs sièges de verre, c'est toute la transparence irisée, tout le cristal impassible du lac de Neuschwanstein.

Voilà d'où j'écris. Et tous les matins, depuis que je suis ici, il semble que je trouve, déposée à ma place sur la page blanche, une longue plume de cygne, longue plume immaculée et soyeuse, comme mise là pour me signifier que le temps est court et qu'aucun délai n'est plus dévolu aux hommes de bonne volonté.

Voilà donc où je suis, face aux blancheurs de neige du château de Neuschwanstein, au-dessus du bel étang vert aux transparences merveilleuses, et c'est là que je creuse, avec l'exemple que j'ai sous les yeux, la grande question qui occupe aujourd'hui mon esprit, la grande question du rêve, la grande question du lac de l'illusion, à laquelle je pense depuis si longtemps.

Et voici ; l'univers, y compris les étoiles, y compris les montagnes, est un immense lac, et tout ce qui se voit dans ce lac est le reflet inverti de la création de Dieu ; l'univers entier est une image dans l'eau.

Quand les reflets de ses eaux s'agitent, le lac est brouillé en tous les sens, mais que ceux-ci cessent de se voir eux-mêmes, alors Dieu se voit en eux, et le lac redevient tranquille.

Entre le mensonge et la vérité se livre la bataille dans le cœur de l'homme. Entre les fausses réalités du cœur du lac et les réalités substantielles de la vérité, se livre la bataille dans la conscience de l'homme.

C'est « l'illumination » d'un saint Paul qui sera l'éclair nécessaire, l'éclair sur la vérité *d'au-dessus de la surface*, qui saura rompre l'état d'équilibre du plus grand nombre, le point mort du négatif, le dangereux *in pace* à l'intérieur duquel le reflet s'oublie dans l'admiration de soi-même, ne sait plus voir qu'il a la tête en bas.

Le vrai miroir de saint Jacques n'est-il pas d'être « attentif à la vérité de Dieu ? »

Il faut que les reflets du lac deviennent attentifs à la vérité de Dieu, abandonnent l'orgueil d'être des reflets, d'être des causes, dans l'humble et tendre attente de ce qui se produira, et cessent de dire : « Pourquoi sommes-nous ceux qui ne sont rien qu'une illusion dans un miroir ? »

« Malheur aux hommes qui suivent leur propre esprit », ils sont des visions de mensonge.

Il faut que des reflets idolâtres du lac soient ébranlés devant la face de Dieu. L'esprit du lac s'évanouira, au milieu de lui la vérité dissipera son conseil. En ce jour-là, il y aura un autel à l'Eternel au milieu des eaux.

28 septembre.

Soir de lune. Les pentes neigeuses ont un éclat qui me fait passer dans l'âme un frisson de froidure. Au-dessus du lac, surgi de la nuit des sapins, le château, en son miracle de donjons, de bastides, de tours, d'échauguettes et de flèches, dégage dans l'air transparent sa blancheur d'opale.

Ma pensée suit la courbe de la lune...

La grande idolâtrie ne serait-elle pas de prendre la matière avec toutes ses lois pour la Réalité, de fouiller de ses doigts avides cette divinité muette, de lui emprunter la puissance avec laquelle on explorera sa puissance sans se douter que l'on se condamne ainsi à l'épouvantable découverte de ce qui est l'essence de cette réalité : le vide ?

15 octobre.

Décidément, la destruction de l'homme objectif est la grande œuvre qui est à la base de la christianisation de l'homme. La destruction de l'homme objectif, la destruction de l'idolâtre.

L'erreur monumentale dont les portes de bronze sont à la veille d'éclater sous les coups de bélier de la réalité et de la vérité qui sont mêmes choses, c'est de croire que le christianisme est un simple article de foi qui ne mène à rien. S'il y a dix-neuf siècles que le christianisme a fait son apparition dans la conscience humaine, il ne fait que commencer. Car, s'agit-il de la foi aveugle, il n'est pire charbonnier, charbonnier plus noirci dans sa croyance, plus irréductible dans l'affirmation de cette croyance, que l'homme qui croit avoir établi, en toute authenticité et légitimité, la réalité de son existence et celle du monde qui l'environne sur les données de la conscience, acte de foi aveugle jusqu'à l'endurcissement, irréductible acte de foi de l'espèce en la réalité matérielle du monde.

Je ne sais jusqu'à quel point les découvertes de la science, en admettant même qu'elles aillent jusqu'au vide absolu, seront susceptibles d'influencer les croyances de l'humanité dans le sens d'une réadaptation de la vie aux éléments de cette nouvelle conception de l'homme et de l'univers.

Il est probable que rien ne sera changé. L'humanité a la foi, et c'est tout ce dont elle a besoin, la foi au sens irraisonné, irréductible et aveugle où l'entendent les rationalistes. L'homme croit, veut croire que le monde et lui-même sont tels qu'il les voit. Il a du monde une vision parfaitement continue et qui trouve dans l'unanimité sa confirmation. Que ce soit lui qui ait cette vision ou que ce soit la vision qui le possède, il ne se le demande pas. Il croit, il a la foi. Et voilà pourquoi la science risque de n'avoir aucune action sur le monde, parce que la psychologie de l'humanité au milieu de l'univers, puisque c'est ainsi que les choses lui apparaissent, est essentiellement un acte de foi, une croyance.

« Il faut que ceux qui voient deviennent aveugles. » Il faut que ceux qui ont une sagesse basée sur l'expérience du monde sensible, qui admettent ce monde tel qu'il apparaît à leurs yeux, ceux qui disent « je vois » et qui, disant « je », affirment qu'il y a un acte de voir, incontestable, probant, qui commence avec ce « je », abandonnent leurs croyances, comme on supprime la croyance à un mirage. Car la plus néfaste des images est l'image de l'homme à ses propres yeux, la conscience autonome de cette image dans ses rapports avec les autres images. Lorsque la science actuelle voit dans le Cosmos, dans la matière, une simple représentation intellectuelle sans substance, c'est-à-dire sans réalité, elle ne « sort » nullement de la chambre des images ; elle identifie seulement comme images les représentations de l'esprit humain.

Mais, dans le ciel noir de ce vide, devant la formule mathématique à laquelle aboutit la science, nous demeurons sans espérance, comme dans le domaine des signes, dans la région de la représentation sans réalité, dans le cercle de la formule. L'esprit, dans lequel sont contenus les concepts du monde des images, n'est pas le Dieu que connaît le christianisme, celui qui nous est promis si l'on sait sortir de la fameuse chambre des abominations d'Ezéchiel.

Ce que ne voit pas la science, et que voit le christianisme avec ses yeux divins, avec ses yeux puisés à la voyance des régions aux multiples dimensions, c'est que le monde auquel l'homme doit cesser de croire comme étant le monde, le monde dans lequel n'est pas comprise la lumière du verbe doit être détruit, et que c'est celui qui est obligé pour y voir d'allumer une mèche installée sur un trépied, et qui prend ce trépied pour un « présent des dieux », pour une réalité créée en dehors de lui dans l'espace, que c'est l'homme de la chambre des abominations, qui doit être abattu. Et la disparition de ce vieil homme n'est pas une petite chose, c'est une grande destruction, la destruction des irréalités humaines que représente, pour chacun de nous, au centre de sa solitude, l'abattage d'un certain arbre, mille fois plus vieux et mille fois plus dur que le plus desséché des chênes de nos forêts. Un arbre dont la racine est large comme le monde et dont il a été dit : « La cognée a été mise à la racine de l'arbre. » C'est cet arbre-là qui doit être abattu et que doit remplacer l'homme né au Christ, celui qui, selon la magnifique expression de saint Jean, « a le Fils ».

Toutes les fois qu'une conscience nouvelle paraît dans le monde, une cognée est déposée à ses pieds comme au pied d'un arbre. Cette cognée n'est pas tout de suite visible. En ce monde de miracles, elle est d'abord exprimée par l'eau de l'admirable baptême de l'esprit, qui ne signifie rien moins que l'effacement de tout un monde. Entre cette cognée, pour ainsi dire encore invisible aux pieds de l'enfant, et la source d'où est venue sur son front l'eau de miséricorde, est un rapport qui durera aussi longtemps que la victime n'aura pas réparé.

Mais l'homme grandit, et la cognée aussi prend du poids et de la taille, et si l'homme ne s'en sert pas, l'homme vieillit et la cognée devient si pesante que le bras du vieillard ne peut plus la soulever.

Alors, donc, tandis qu'il en est temps voici ce qu'il y a à faire. Sous le ciel de la forêt, dans la solitude et sous le chant pur des oiseaux, au pied de la source où ceux qui t'aimaient ont puisé l'eau de la science et l'ont fait couler sur ton front, te disant. : « Détache-toi de ton rêve » — dans le silence de la forêt, arme-toi de la lourde hache... et frappe... frappe !... En rompant ces racines, tu ne te frapperas pas. Tu ne te frappes pas toi-même ! Tu n'atteindras que le néant ! Frappe ! Retire-lui le nom d'Adam qu'il t'a donné.

Alors comme le soir dans la forêt sera beau sur la mort du vieux fantôme étendu !

29 novembre.

La grande aventure chrétienne ne consiste pas dans un sanctionnement de ce qui est — ou de ce qui paraît être — elle est la conquête d'un royaume. Il ne s'agit pas de se creuser des cavernes ou des cryptes au sein des éléments de l'univers à trois dimensions, qui est un univers où tout est représentations fausses, images irréelles, mais de sortir de cet univers, de cette chambre des images pour entrer dans l'univers de la totalité des dimensions, dans la réalité continue de la substance éternelle.

C'est là, proprement, entrer dans le royaume de Dieu, c'est faire la découverte d'un grand pays, auquel correspond la Terre Promise de la Genèse, et qui est promis à tous ceux qui consentiront à traverser le désert.

Et cette traversée du désert n'est pas chose passive ; c'est une action qui mène à un état de conscience : le nouveau ciel et la nouvelle terre de saint Jean, à quoi l'homme accède en « naissant de nouveau », c'est-à-dire par un nouvel acte entraînant une nouvelle pensée et un nouveau penseur. Dans cette nouvelle pensée, il n'y a plus sujet et objet. Il n'y a plus qu'un sujet, et la compréhension que ce sujet est lui-même l'unique substance. Et la compréhension, aussi, que, dans l'état antérieur, il n'y avait pas davantage sujet et objet, mais une pure illusion de divisibilité.

Dans le monde de l'Etre, tout est accompli dans une seule pensée. Nous prenons conscience de notre vérité en l'Eternel. Nous sommes ce qu'il est, nous mangeons sa chair et buvons son sang. Nous retrouvons la Substance. Nous retrouvons l'Etre de celui qui a dit : « Je suis Celui qui suis. »

L'homme progresse dans la mesure où il tient tous ses actes dépendants de cette affirmation, quand cette vérité lui a été révélée dans sa conscience, et qu'il se maintient, par ce lien merveilleux de la conscience, en relation ininterrompue et fervente avec cette vérité. La vie est donnée à l'homme constamment, c'est-à-dire que l'homme participe à la toute puissance de l'Etre de son Père, dans la mesure où il défend sa conscience, autrement dit le miroir de son salut, de la sinistre et funeste oblitération qui pour lui fait de la vie une qualité secondaire et transitoire.

La vie n'est pas un principe mystérieux impersonnel, une faculté anonyme infuse au milieu d'éléments qui, eux-mêmes, seraient privés de vie. La vie est un être. Elle est la manifestation directe de l'Etre à la conscience. Il n'y a pas moyen de scinder la vie entre ses deux aspects, le sujet et l'objet, soit la chose vivante qui a reçu la vie, comme un visage reçoit un souffle, comme un arbre reçoit un coup de vent, et la vie elle-même, principe supérieur, trônant dans le domaine lointain de ses possibilités et de ses disponibilités. La vie est la chose fondamentale, le point de départ. L'Etre, voilà la vie, et l'homme, s'il veut ouvrir son intelligence à la réalité éternelle, c'est-à-dire à la réalité éternellement présente, doit à toute force entrer dans une conception des choses où la vie ne lui apparaît plus comme un don, ou comme un attribut, mais comme étant l'être lui-même et tout justement l'être de Celui qui a dit : « Je suis Celui qui suis. »

Il faut parvenir soi-même à la conscience de cette nouvelle conscience. Il faut savoir, sentir et voir qu'il y a en l'homme un autre homme que celui qui dit : « Expliquez-moi ces choses. » Il faut naître à la conscience de cet autre homme en l'homme. Il faut naître à la conscience de celui qui « a le Fils ».

« Et c'est ici — a dit un homme nommé Jésus, qui était parvenu en lui-même à la conscience de cette autre conscience appelée le Fils — et c'est ici la volonté de Celui qui m'a envoyé (ou qui m'envoie éternellement) que quiconque contemple le Fils et croit en Lui (c'est-à-dire contemple en soi-même et parte de Lui dans toutes ses pensées et dans toutes ses œuvres, au lieu de partir de la vicieuse connaissance de soi-même), ait la vie éternelle ; et je le ressusciterai au dernier jour. »

Mais les Juifs, entendant cela, murmuraient contre Lui, de ce qu'il avait dit : « Je suis le pain descendu du ciel. »

Et ils disaient : « N'est-ce pas là Jésus, le fils de Joseph ? Quoi ! le fils de Joseph dont nous connaissons le père et la mère, comment peut-il dire : « Je suis descendu du ciel. » Jésus leur répondit : « Ne murmurez point entre vous. Personne ne peut venir à moi si le Père ne l'attire. Personne ne peut comprendre, savoir, sentir, et voir ce que je suis, ce que je suis en Lui, et comment je suis en Lui, s'il demeure attaché en soi-même à quelque forme que ce soit qui ne soit pas le Père. Car le Père est Esprit, complètement et absolument, et toute forme qui n'est pas de l'Esprit pur n'est pas du Père, c'est-à-dire, n'a pas l'Etre. Telle est la loi. Et je le ressusciterai au dernier jour... Et sa résurrection sera la dernière étape du long voyage de sa pensée vers la vérité que je suis et que, par Moi, il est en Moi. »

« Il est écrit dans les prophètes : « Ils seront tous enseignés de Dieu. Quiconque donc a écouté le Père et a été enseigné de Lui, vient à Moi. (C'est-à-dire : vient à la compréhension dont il a besoin pour *voir* selon la vérité que Je suis.) »

« Car, si ton œil est sain » (c'est-à-dire : si, autant que tes yeux peuvent et savent, tu ne vois que la Réalité de Dieu, en dépit de tout ce qui paraît contredire Dieu), « ton corps tout entier sera dans la lumière » (autrement dit : ton corps et ton esprit seront un dans la vérité que Je suis).

16 décembre.

Quel est le victorieux de ce monde, sinon celui qui croit que Jésus est le Fils de Dieu ? Quel est celui qui s'affranchit de la servitude de la croyance aux images comme réalités de ce monde, sinon celui qui croit que dans l'homme existe virtuellement l'Intelligence de Dieu, la Vérité et la Vie de Dieu, et que la réalisation actuelle progressive de cette Intelligence, de cette Vie et de cette Vérité lui ouvre le chemin de la réalisation de sa propre vie hors du temps, laquelle est vie éternelle ?

« Celui qui a le Fils a la Vie — celui qui n'a pas le Fils n'a pas la Vie. »

Le Christ n'est pas *ad libitum*.

Le Christ est une loi, le Christ est la Loi, et le christianisme n'est rien de moins que l'impitoyable gouvernement de cette loi. Tout ce qui, dans la vie de l'homme, n'est pas subordonné à l'exercice de cette loi a exactement, dans la balance du réel, la valeur des déroulements du songe. La valeur et le destin ! Le christianisme demande autre chose que des credo obéissants. Il demande, il exige, au moins dans une élite indispensable, l'héroïsme individuel. Car le but de la religion n'est pas de conserver, mais de former la nouvelle créature. Tout le reste n'est que déformation.

Dieu n'est pas quelque chose de vague au milieu des fleurs artificielles, un peu d'air à la pointe de la fumée des cierges. Dieu et le concept de Dieu sont indispensables à la vie du monde. Si périssait dans la conscience humaine ce que celle-ci peut saisir de Dieu, toute intelligence s'éteindrait dans la ténèbre.

« Celui qui voudra sauver sa vie la perdra. Celui qui la perdra à cause de Moi la sauvera. » Ce n'est point là promesse pour « les temps » d'après la mort, qui est état de conscience que le Christ nous invite à vaincre ; c'est *hic et nunc* que s'exécute la loi, et il n'y a aucune atténuation à cette loi.

Dieu n'a pas été socialement expérimenté, comme il le sera demain. Demain, l'on cessera de placer Dieu dans le monde : c'est le monde qui sera transporté en Dieu.

Nous marchons à tâtons dans la nuit, engagés dans un corps à corps infernal. Ce n'est plus la maison qui brûle, c'est le monde. Nous avons pris si longtemps notre plaisir dans le démon de la matière que le démon de la matière nous le rend aujourd'hui et prend son plaisir en nous.

Mais, à la suite des hommes qui renvoient le monde pour son salut à ces mêmes ingénieurs de la matière qui ont pris l'habitude de le conduire et de le traiter, ceux qui vont chercher les raisons de la présente détresse dans l'action des causes économiques se trompent lourdement. Le drame est autrement profond ; il est la voix d'une bien autre réalité cachée, d'une réalité qui, celle-là, ne veut plus se contenter de l'harmonie de surface que peut créer l'illusion humaine, mais requiert de posséder à elle seule l'empire des consciences, après l'avoir fondé sur la base inébranlable des principes éternels.

Il est heureusement un certain nombre d'hommes, qui voient les causes de cet effondrement humain non plus dans des circonstances extérieures, mais dans les profondeurs mêmes jusqu'où puisent les principes sur lesquels l'homme a édifié son existence.

Nous savons que le monde est en marche vers l'accomplissement du monde chrétien. Mais ce que cet accomplissement comporte et exige, on ose à peine le dire, tant la plupart de ceux qui se prétendent chrétiens, aussi bien que ceux qui incarnent un idéal dont le Christ est absent, en ont peu l'idée.

Et, cependant, l'immense opération qui a pour levier l'esprit de l'homme et pour fardeau la conscience humaine dans sa vision empirique du monde a présentement commencé. La vérité est en train de nous arracher une côte pour faire de nous un nouvel être. Un nombre de plus en plus grand de penseurs se rend compte que l'Esprit est ce qui mène l'homme ; que ce sont les lois de l'Esprit qui régissent le monde ; que le monde matériel, ou ce qu'on appelle de ce nom, n'est pas un spectacle abandonné à soi-même, mais une construction continue de formes changeantes ; que la vie n'est confusion et désordre que pour qui la contemple du dehors, et que le développement d'une civilisation matérielle intégrale, c'est-à-dire sans vision métaphysique qui enfante dans les esprits la notion d'un principe spirituel, est une condamnation à mort.

La pensée de l'homme s'est égarée dans son mécanisme même. En cette heure extrême, tout dépendra pour lui de ce dont il fera le principe de son intelligence du monde : Dieu ou le prétendu témoignage de ses sens et ce qu'il appelle sa maîtrise scientifique. Tout dépendra pour l'homme du degré d'intensité de sa compréhension de Dieu, et de l'évidence avec laquelle il verra en Lui l'unique et l'éternel Penseur.

Ce qui nuit à la compréhension de la spiritualité par l'intelligence, c'est d'abord, sans doute, que l'intellect prétend à être lui-même le générateur et comme le tabernacle de la spiritualité ; mais aussi que la spiritualité, isolée dans sa Jérusalem, n'a pas encore reçu de l'expérience spirituelle le langage qui l'exprime. C'est le fait terrible que les idées et les réalités qu'on veut essayer d'expliquer et de montrer d'elle ne trouvent en aucune façon leur figure dans le cercle de signification des mots que l'on emploie. Il est cependant certains termes généraux, chargés d'un sens infini, qu'ont élaborés les générations des âmes, et auxquels un homme de bonne volonté peut tenter de recourir pour dessiner d'un trait de si grandes choses.

Et voici :

Il n'y a et il ne peut y avoir à être que l'Etre : c'est le Principe que saint Thomas appelait la sublime Vérité. Or, l'esprit n'est pas un attribut, et il ne peut y avoir d'Esprit que celui qui est l'Etre en son essence. Donc il n'y a à être que l'Esprit. C'est la pensée que Shakespeare a exprimée en ces termes : « Etre ou ne pas être » autrement dit : être dans l'Etre, ou n'être *rien*.

Jésus a dit : « Mon royaume n'est pas de ce monde » et « Le royaume de Dieu est en vous. » Alors, si le royaume de Dieu, qui est en vous, n'est pas de ce monde, c'est donc qu'en réalité, il y a en vous, dès maintenant, quelqu'un qui n'est pas de ce monde ; c'est donc que, dès maintenant, la mort ne se trouve pas devant vous entre ce Quelqu'un en vous qui n'est pas de ce monde et l'Eternité. Ce Quelqu'un qui est dans l'éternel, c'est celui-là qui est dans l'Etre, c'est celui-là auquel le vieil homme s'oppose de toutes ses forces. Et c'est le Christ. Et c'est l'Esprit.

L'activité de cet Esprit, telle est la spiritualité. Tel est l'Esprit. L'Esprit est dans l'homme la conscience de ce Quelqu'un. L'Esprit c'est l'Intelligence. L'Intelligence, qui est l'Esprit, *est* l'Amour et l'Amour, qui est Esprit, *est* l'Intelligence. Et l'intellect est privé du sentiment du réel aussi longtemps qu'il n'est pas en même temps l'Intelligence et l'Amour. C'est dans la séparation, par l'intellect, de ces deux principes éternels, l'Intelligence et l'Amour, que réside toute la gravité du péché commis par ceux qui prennent pour l'Esprit lui-même leur propre esprit, qui n'est ni l'Intelligence ni l'Amour, ni surtout les deux réunis.

Nous avons un esprit uniquement pour qu'il reflète les splendeurs du génie divin. Et l'homme intelligent qui renonce à la vanité de ses songes, pour faire du miroir de son esprit un miroir toujours libre devant Dieu, cesse, comme disait l'antique Bouddha, de « couver les œufs vides de la pensée » ; il devient le plus intelligent des hommes et il accède du même coup à la vraie liberté de l'Amour.

La spiritualité, c'est la liberté morale absolue. La liberté n'est pas, comme tant de gens le pensent, le pouvoir de faire le bien et le mal à sa guise, mais d'être les maîtres d'accomplir tout bien, sans en être aucunement empêchés par le mal.

Le spirituel voit et réalise qu'il n'est pas de lois humaines qui puissent entrer en compétition avec la spontanéité divine. Le spirituel ne voit pas

Dieu séparé du monde, car il est né à la conscience d'une autre réalité, qui est Dieu, perfection absolue de tous actes et de toutes pensées.

C'est par cet Esprit que le monde sera sauvé, par cet Esprit seulement, et c'est cet Esprit que doivent trouver dans leur héroïsme ceux qui veulent sauver le monde.

Le christianisme n'est pas une religion de gestes. Le christianisme est une science, la science de l'homme et de ses puissances infinies.

Et les chrétiens ne feront rien, par l'Esprit ni pour l'Esprit, que d'inutiles processions sur les remparts du vieux monde, s'ils ne fortifient dans leur conscience le lien avec la cause et ne cherchent dans une héroïque consécration de leur effort la compréhension spirituelle que donne la seule *sainteté*.

Le christianisme est la religion de tous, mais il est aussi, au-dessus de cela, une religion pour une élite. Cette élite se compose de ceux qui savent combien vaut de ne parler qu'au nom de ce qu'on a conquis soi-même, de ceux qui ont cessé de codifier sous forme de principe immuable ce qui n'est, trop souvent, que l'expérience de l'inertie.

Les religieux de l'élite ont toujours été les plus intelligents parmi les hommes mais ils n'ont pas encore osé abandonner la foule. Il faudra cependant abandonner la foule et, à de certaines heures, ne songer qu'aux élites, pour que les élites sauvent la foule.

Mais tous les hommes ne sont évidemment pas mûrs pour accepter comme religieuse, c'est-à-dire bonne et fructueuse et propre à les conduire à travers leur sinueux destin, l'idée de la destruction préalable d'un soi-même qu'ils prennent pour leur moi éternel. Alors leurs conducteurs leur construisent des *abris*. Mais la Vérité est indomptable, elle n'admet pas les atermoiements, parce que l'homme n'attend pas plus que le fleuve qui coule, et que l'intellect, c'est-à-dire son faux dieu, le pousse en avant et lui met en main l'arme de son suicide. Alors, quelle que soit l'excellence des abris, la Vérité est la plus forte, elle brise ce qui n'est qu'un concept et elle lève et brandit au-dessus des foules stupidement matérialisées l'étendard de la Substance divine.

Il arrivera un moment où l'on n'opposera plus l'idée à la matière, quand on aura prouvé que la matière et toutes les fausses réalités du monde objectif ne sont que des représentations sans substance ; et lorsqu'on expérimentera, comme Jésus lui-même est venu nous l'apprendre, que notre domination de la matière dépend de la clarté avec laquelle, par rapport à la réalité substantielle de l'Esprit, nous percevons sa nature illusoire.

....

Les destinées du christianisme dépassent les imaginations des hommes ordinaires et elles ne font encore qu'être soupçonnées par ceux mêmes qui, pendant longtemps et avec la grâce de Dieu, lui ont donné leur esprit.

*

* *

5 mai.

Le temps est venu pour moi d'avoir une maison solitaire. Depuis de nombreuses années, toute ma vie intérieure et son effort vers l'acquisition de la substantielle vie divine créaient en moi le désir d'une fin de vie passée aussi au bord d'une source, au fond d'un sombre paysage de silence et de paix.

Il ne s'agissait pas pour moi de me retirer du monde pour me dérober aux fatigues, aux injures ou aux leurres du monde. Mais d'entrer dans une solitude propice au dernier combat intérieur, comme à sa dernière conquête.

Voilà ce que j'ose dire et écrire à la fin de ma vie, au seuil du dernier effort que je vais faire pour laisser à mes semblables sur la terre un vestige écrit de ce que j'ai vécu pendant des années au milieu d'eux…

Oui, le temps est venu pour moi d'avoir cette maison solitaire, et de m'y enfermer, maintenant que j'ai ajouté à la connaissance du monde de Dieu, dans lequel nous introduit la nouvelle naissance, la connaissance du combat humain dans la mêlée humaine. Pendant plusieurs années, je me suis mêlé aux hommes. Maintenant, je veux me retirer de ce combat. Non point pour renoncer, mais pour coucher par écrit l'essentiel. J'ai l'intention de vivre là — pour m'enfermer dans la méditation et écrire ce que j'ai vécu.

C'est une tâche bien lourde. Mais, sans doute, cela doit être écrit quand même. Et cela devrait même être présenté, si je le pouvais, avec des miniatures marginales, qui illustreraient par des à peu près légers cette pensée de Dieu. Oui, il y aurait là une œuvre adorable à entreprendre, la tête penchée sur mon pinceau, dans le silence de mon ermitage.

J'appelle cela mon ermitage. Et c'est bien en effet un ermitage. C'est tout à fait dans des montagnes très boisées, à la source d'un torrent, en un site qui fut jadis adopté au XIIe siècle par un ordre de moines.

Je pourrais écrire : comme je vais être heureux ! Quelles solitudes je me propose ! Mais le souci de la paix ou du bonheur n'est pas ce que j'apporte sur ce seuil. J'ai beaucoup plus la préoccupation de la gravité des paroles que j'écrirai chaque jour, pour sauver des ténèbres de la mort les divines révélations qui sont aux archives de mon cœur et la lecture quotidienne de ma vie depuis des années.

Avant que la flamme puisse brûler avec une lumière tranquille, la lampe doit être placée à l'abri, dans un lieu où ne souffle aucun vent.

20 juillet.

Ma maison est prête, c'est fait, j'emménage ce soir ; cela n'a pas été long : un mois... Ils ont mis un mois à me rendre habitable cette solitude — juste à l'orée de la forêt, à la croisée de deux sentiers. Cette maison de bois a absorbé pour sa construction la substance de vingt mètres cubes de rondins de chêne, et, pour son chaume, c'est-à-dire pour sa couverture, le tiers environ d'un pailler de la ferme voisine. L'ensemble : à peu près ce que donne au bord d'un fjord, d'un précipice ou au milieu d'une forêt de neige, un chalet de Scandinavie...

J'ai deux fenêtres, deux fenêtres profondes, où une main amie a voulu disposer des rideaux qui ne fussent pas d'une teinte trop assombrie... On m'a pendu là deux morceaux d'étoffe qui auront au moins pour tâche, quand les prairies fleuriront, de s'accorder avec la couleur des fleurs. Une de mes fenêtres a la vue sur les sapins touffus, multipliés à l'infini sur les lointains des bois ; ma seconde fenêtre, de l'autre côté, ouvre son regard sur d'autres sapins, qui, dans le lointain des bois, se multiplient à l'infini. Je suis ainsi bien entouré d'êtres qui sont à la fois des silencieux et des chanteurs sublimes.

22 septembre.

Ce soir, resté dans mon bois, au milieu des fougères. J'y ai vu tomber le crépuscule, puis la nuit. Un instant, le dernier rayon d'or embrasa de sa chaude étincelle l'épais tapis fané de la prairie, et bientôt succéda sur la forêt une pénombre d'eau-forte, où de pesantes chouettes, en jetant leur cri, roulèrent à lourds coups d'ailes, en rasant les noires fourrures de mes compagnons géants. Ce soir, pour la première fois, je fais partie de ces lieux et j'y allume ma lampe, tandis que « l'ange du Seigneur campe autour de ma maison ».

Ma maison — dans la nuit...

J'ai ici sur mes rayons quelques livres. D'abord le plus grand des idéalistes, l'homme qui a parlé des choses de la matière comme seulement on en peut parler quand la matière est l'illusion à l'égard de laquelle, en fait de dicts et de discours, on peut tout se permettre : Rabelais. Puis une âme qui compta parmi les plus humainement torturées de ce monde, parmi les plus ensanglantées de par leurs propres épines, parmi les plus dignes de commisération et d'amour : Nietzsche ; Nietzsche est peut-être le seul écrivain disparu qui m'ait laissé sur l'âme un sanglot de pitié que je ressens toujours. Ensuite, quelques philosophes sacrés qui me dispensent les douceurs les plus vives. Enfin les livres qui furent ceux de ma vie : Eschyle, Euripide, Ruysbroek, le Bouddha thibétain, Joachim de Flore, saint

Bernard, Albert le Grand, Maître Eckhart, quelques textes latins, saint Victor, *la Guerre et la Paix* de Tolstoï, les ouvrages de mon cher Rolland.

Enfin toute une suite de reproductions des tableaux de Memling et celles de l'œuvre du grand artiste, Albert Dürer.

20 décembre.

Seul dans la haute maison de bois, où je suis encore dans le silence, entre les morts, le prisonnier de la neige qui couvre déjà la prairie et la forêt...

Vie intérieure. J'écris tout de suite que cette vie intérieure est une vie à échelons. L'échelle de Jacob. L'échelle est appuyée sur un sol qui ressemble fort aux ténèbres du dehors et elle s'élève jusqu'aux cieux.

Mais l'homme est-il mûr pour faire les progrès de la connaissance ? Telle est la terrible question qui se pose.

Est-il même, seulement, préparé à entendre les mots qui seraient susceptibles de lui faire connaître la bonne direction du savoir ? Est-il encore autre chose qu'un automate ?

Et son monde matériel est-il autre chose qu'un rêve, qui tue le dormeur ?

C'est la « connaissance » seule qui produit les transformations. C'est la connaissance seule qui est à l'origine du progrès.

Eh bien ! en ce qui concerne la connaissance, l'homme est-il capable d'entrer dans la voie ?

25 février.

Les institutions qui étaient dans l'organisation humaine, les symboles, ou représentations imagées de la vérité, sont morts, parce que l'âme qui avait créé les symboles est morte.

Nous avons donc besoin plus que jamais de la vérité elle-même pour pousser plus loin la vie.

Cherchons la Connaissance mais redoutons en même temps cette Connaissance, cette Vérité, qui n'apparaîtra pas, elle, masquée ou voilée sous le travesti des transpositions figuratives ou mythiques, mais qui sera la rude, la vierge, l'impitoyable, l'effroyable révélation de ce qui *est*.

Effroyable, non pas en elle-même, sans doute, mais certainement effroyable pour ceux qui, n'ayant jamais vécu que ce qui est destiné à mourir, verront et apprendront d'elle ce qui d'eux-mêmes ne peut subsister !

Si nous n'assistons pas à ce temps précis, si les hésitations, les ignorances, les sensualités et les paresses humaines doivent pour un temps résister à cet assaut de la lumière, il n'en est pas moins vrai que ce que nous entendons et éprouvons (rien encore ne nous dit d'ailleurs que nous ne sommes pas à la veille de voir tout s'effondrer à jamais) provient déjà des coups jetés contre nos murs par le bélier de cette vérité. Car il *y a une vérité* : l'humanité a assez vécu pour la connaître et il n'y a que les ignorants de Dieu qui auront le droit de fermer les yeux sur elle et... de dormir éternellement.

23 mars.

Ce qu'il faut exiger de soi-même, c'est la compréhension seconde : celle qui vient secondairement à quelques-uns. Celle qui prend dans la conscience, non pas la place d'une simple idée, mais celle d'un événement plus grand que la vie.

Il faut que l'idée soit, non l'acquisition d'un secret, mais l'acquisition d'une substance. Alors seulement nous avons *compris*.

24 mars.

Je me suis enfermé ce soir dans ma chambre, j'ai allumé ma lampe et je suis resté là, longtemps, à réfléchir au monde lointain...

A toute cette société humaine et tragiquement occupée à vivre une des dernières heures de son drame... Son drame, un drame qui a consisté pendant des millénaires à laisser s'égarer son esprit hors de l'obéissance qui était son unique lien avec la loi infaillible de progrès et de salut.

Et voici : aujourd'hui, cette société, avec toutes ses fenêtres allumées, avec tout son luminaire aveuglant, me fait tout simplement l'effet d'un monde qui s'éteint, d'un monde qui se carbonise, où tout devient noir, et où tous les hommes qui parlent en son nom et font entendre leur négation ne sont plus que des consciences négatives, la conscience de plus en plus irresponsable de tout ce « noir » s'exprimant par leur bouche.

Et alors, je réunis ces premiers cahiers, non pour moi, non pour me permettre de prendre patience en m'accordant cette belle trêve, mais afin qu'au milieu du grand tourbillon où toutes choses sont mêlées, la toute petite lueur ne soit pas étouffée sous la pelletée de terre des fossoyeurs de ce temps.

Il est dix heures. Le silence est total.

J'ouvre le livre d'un des compagnons de ma vie, le recueil des gravures sur cuivre et sur bois d'Albert Dürer. A la première page, le martyre de saint Jean l'Evangéliste.

Une foule est amassée sur une place et, au pied de cette foule, dans une large chaudière sous laquelle un feu est attisé, plongé dans l'huile bouillante, un homme nu, dont les mains sont jointes et les yeux levés vers le ciel. Cette nudité martyrisée représente saint Jean l'Evangéliste. Sa figure est calme, malgré l'atroce souffrance, étrangement calme... Son visage buriné par la douleur, tandis que les yeux semblent chercher dans le ciel, au-dessus d'eux, la force incorruptible dont son âme tout entière est remplie.

L'être qui regarde ainsi n'implore pas au dehors, mais, pendant que ses deux yeux semblent fixer un point dans l'infini, sa pensée suit, dans son monde à elle, les chemins infiniment battus où sont situés ses refuges inviolables.

Je ne suis pas surpris devant cet homme. Je connais aussi ce feu. Je connais aussi ces personnages qui composent la foule, ces spectateurs qui sont en même temps des bourreaux. Je connais le gros Tétrarque enturbanné, à qui obéissent, avec un entrain si endiablé, les agiles tourmenteurs.

Installé dans sa chaise présidiale, il est bien là, dans son expression et son geste, dans ce qu'il attend et dans ce qu'il exige, dans ce qu'il comprend et dans ce qu'il comprendra, le représentant universel de la chair.

Je connais tout cela. J'ai assisté à cette scène pendant de longues années.

Et alors, voici : un jour, un homme est mis dans la chaudière... devant le Tétrarque... Comme cela, tout simplement, par le Tétrarque..'. et il ne faut pas qu'il appelle au secours. S'il appelle au secours, les hommes viennent, le Tétrarque vient, et il est perdu.

Un homme a été mis dans l'huile bouillante, et il n'a pas crié.

D'abord, il a compris, en regardant la foule autour de lui — ces figures patibulaires, les vôtres, la mienne — si parfaitement ignorante, incapable d'une vérité, que personne ne le sauverait et qu'il était inutile de crier...

Avril.

A l'aube, dans ma petite maison des montagnes, au milieu des forêts, très loin, sous la brise de mes sapins.

C'est aujourd'hui le samedi saint ; demain Pâques, le retour des cloches ; autant de cloches que de fleurs, l'air est saturé de ce cantique.

Le bronze chante, cassé, comme un fourmillement d'ailes et de désirs bruissant sous la lourde lumière... Pâques !

Pâques... la pluie a chaud de toi... Toutes mes années sont là et t'écoutent venir ; ce n'est pas de l'eau qui ruisselle, c'est de la sève qui éclate... Les fruitiers sont en fleurs, les jardins sont pomponnés de blanc, le ciel est chargé de brouillards. Dans cette vapeur, se silhouettent toutes les fibrilles de l'hiver et tout ce beau dessin précis et aigu, dont il faut se dépêcher de jouir avant l'heure de la marée verte, du grand flot des feuilles, de tout le velu de la vie.

Pâques ! Quelle suprême leçon, perdue pour l'humanité terreuse, tu contiens dans ton bel œuf de cristal blanc !

En ce jour, odorant et blanc de toutes les pâquerettes reparues, j'ouvre un livre dont j'aime l'atmosphère très humaine et la douce chaleur de pitié, *La Vie de Frédéric Nietzsche*. Nous sommes à cette même heure d'extrême crépuscule qui était « l'heure clémente à ses yeux malades si souvent privés de lumière ».

Et je lis ceci :

« Voici la mer... Ses cloches sonnent encore l'*Ave Maria,* ce sont elles qui font ce bruit funèbre et insensé mais doux, au carrefour du jour et de la nuit. Un instant encore, tout se tait ! La mer s'étale, blême et brillante...

« Où voulons-nous aller ?

« Voulons-nous franchir la mer où nous entraîne cette passion puissante qui prime pour nous toute passion ?... Pourquoi ce vol éperdu dans cette direction, vers le point où, jusqu'à présent, tous les soleils *déclinèrent* et *s'éteignirent ?*

« De nous aussi, peut-être, on dira quelque jour que, gouvernant toujours vers l'Ouest, nous espérions atteindre une Inde inconnue, mais que c'était notre destinée d'échouer devant l'infini ? Ou bien, mes frères, ou bien ?... » Oui, « ou bien, mes Frères »,... il y a une autre solution.

2 mai.

Ici j'ai bouclé l'année. Arrivé au printemps l'an dernier, me voici rendu sur place au printemps suivant. La belle forêt brune et sombre a repris la vivacité de ses tons et de ses accents, elle s'est de nouveau tachée de soleil, elle a de nouveau recouvert ses troncs d'épaisses mousses presque fleuries, elle a de nouveau reçu les douces pluies d'orage, sous lesquelles les herbes se relèvent plus fournies et plus vertes ; dans ses profondeurs immobiles, une tendre trouée verticale remplie de soleil, ressemble à la tremblante entrée d'un temple de lumière.

Je songe à ce matin du même temps où je fus pris par l'orage au sommet de la montagne , au-dessus de Sils Maria, et comment ce que j'écrivis sous la hutte en souvenir de Nietzsche résumait trop succinctement l'expérience si imprévue et si capitale qui, par le procédé d'une sorte d'ascétisme intellectuel, m'avait amené sur le chemin intérieur qui commande la topographie du Royaume, à la découverte des mêmes principes que ceux qui avaient éclairé aux origines, dans les vastes forêts vierges fécondées par les pluies de la bénédiction, les cœurs des voyants et pieux ancêtres de notre humanité d'Occident.

Telle fut donc, comme je l'ai conté, la féconde expérience que je fis moi-même, n'ayant pas eu au départ Dieu pour objet, mais n'y ayant pas eu Dieu non plus comme l'opposé de mes désirs, loin de là, ayant eu seulement de plus en plus la conviction qu'il y a une loi divine de vie supérieure, que l'homme doit s'efforcer de trouver pour régler et purifier l'inférieure. Je ne le redirai jamais trop : les pensées de cette période d'âpre lutte ont marqué d'un trait de flamme toute ma vie.

Je me souviens... Rien ne fut écrit par moi, de ces tâtonnements parmi les vipères, dans les chemins désolés, sur les cailloux coupants... parmi les espoirs ressaisis au cœur de l'invincible Espérance ; parmi les retours provisoires et vains, parmi les reprises, les hourvaris plaintifs, les chants d'amour secrets, mesurés pour quelques instants au bord des fontaines de fraîcheur subitement surgies... à travers maintes théories des forces, tout un intellectualisme mobilisé, toute une intelligence alertée, toute une magnifique découverte parmi les hauteurs humaines, mais hélas ! rien qu'humaines !...

Puis ce fut la première apparition... un soir... le *oui* de l'Esprit, quelque chose d'absolument nouveau, qui se répercuta dans l'intellect soudainement éclairé, en plein milieu d'une journée de supplice :

« Tu seras le maître, si ton esprit devient le maître... »

Ton esprit ! O mot magique, mystérieux, banal, annonciateur déjà d'une conscience nouvelle, et cependant encore tout engangué de vieux limon intellectuel ! Mais c'était, mais ce fut, accompagné d'une sensation, comme d'un voile qui s'abaisse, comme d'une brume qui se dégage, comme d'une première annonce — un prélude.

Des mots comme ceux-ci : « Tu cherches la loi... tu es la loi... »

Et l'inlassable retour à la table rase — le lent apprentissage *du tout et du rien,* non point dans le bureau des idées, mais dans la chair, au plus profond de la moelle.

Chaque jour avec son drame, chaque heure avec le sien. Drame qui était, dans la maison en feu, le drame de la recherche pour le salut de l'âme et du corps.

Rien ne subsiste de ce temps de ma vie ; pas un mot, pas une note ! Et c'est même encore trop dire, ou pas assez, puisque, dans le carnet où figurent ces relations si spéciales, en même temps que si sombres, si pathétiques et si humaines, histoire des coups du chevalier parmi les mensonges du diable et de la mort, sont écrits ces mots au milieu de la page blanche que j'ai retrouvée :

« Ici commence un silence qui a duré quinze ans. »

28 mai.

Il y a un drame, le drame de la vie ! Et c'est de lui que je veux vous parler.

Je me suis heurté à lui, je l'ai vécu, voici aujourd'hui plus de vingt ans. — Il le fallait. — J'étais l'homme de cette lutte.

Tous ne sont peut-être pas faits pour être les hommes de cette lutte, mais tous sont faits pour bénéficier des grâces divines qui sont le fruit de cette lutte.

Nous avons peu de temps... Le monde brûle.

1er juin.

Ignorance de l'esprit humain, réduit à lui-même, avant qu'il ait fait l'expérience de ce qui en lui-même le surmonte et le dépasse, le « suprématise ». « L'intellect » est tout simplement *l'image sans la substance*. Et, en effet, ici les idées et les discours abondent, les explications, les peintures, les définitions, les formules, un luxe verbal ; toute la science est faite de cela. Tout cela s'entre-croisant : concepts, hypothèses, et tout cela animant ou semblant animer le monde de la matière, qui n'est en dernière analyse qu'un monde d'images. Où peut-il être question d'autre chose, dans ce monde de l'intellect, que de doctrines, d'hypothèses, de démonstrations, de travail de la pensée déductive et logique.

Mais tout cela reste enfermé dans notre fameuse chambre d'images d'Ezéchiel : cette chambre de l'erreur et de l'imposture. On ne s'y élève point à la Connaissance, dans cette chambre ! L'on n'y sait que les images ; y compris l'homme qui voit les images. Immense intellect, cette chambre « intelligence », promise par le serpent et qui aurait pour vision ce « vieil Adam » que nous appelons l'homme... conditions dont se délivre celui qui, maître de toutes ses images et de toutes les images qui le construisirent, retrouve au fond de ce dénudement accompli, de ce dépouillement parfait, l'Etre ou Dieu créateur, qui est là au fond de la conscience de l'homme, comme la fondation indestructible — pierre de saphir incorruptible — de toute l'édification, de toute la réédification chrétienne.

23 juin.

Seule une perturbation personnelle épouvantable pouvait me forcer à trouver en moi ce qui seul en moi pouvait comprendre, ou, plutôt, ce qui était en moi la réalité, la seule réalité magnifique, à laquelle le christianisme fait allusion lorsqu'il parle :

« La terre a été ouverte, et j'ai vu l'or. »

Comme il est plus terriblement immense et tenace qu'on ne le pense encore, ce lieu de rêve... ce vieux lieu géométrique du vieil homme ! Jusqu'où ne descend-il pas ? Tout le domaine de l'homme, il l'embrasse : tout le domaine humain dont Dieu est absent...

Ce n'est point d'un Dieu de missel colorié que j'ai appris à lire dans la substance même de ce Dieu. C'est du Dieu réalisé de ma liberté conquise, de mon intelligence élargie, de ma sensibilité exaltée, de ma volonté trempée, de ma compréhension du monde illuminée...

Je n'hésite pas à le dire : c'est le christianisme lui-même que j'ai vu, ou plus exactement c'est une loi de vie innommée, mais qui se révélait et se déroulait dans mon être selon l'ordre de réalité observé et magnifié dans la liturgie catholique, selon le même ordre de réalité que celui qu'enseigne le christianisme.

Le christianisme est l'exacte formule de la vie.

Mais il y a un grand nombre de manières d'être chrétien. Je veux dire qu'il y a un grand nombre de voies qui mènent au christianisme, correspondant, chacune, à chacun des degrés chrétiens formant, depuis les masses éclairées jusqu'à la phalange des esprits hautement illuminés et sanctifiés, une trame ascendante et continue.

Le christianisme, lorsqu'il s'adresse à la masse des hommes, doit passer par la phase des explications données à l'intellect. Et puis, il y a aussi la grande méthode du christianisme qui se découvre de lui-même, par la montée pure de sa force, au plus profond de notre moelle humaine. Et, dans cette dernière catégorie, deux manières fondamentales : le christianisme qui se trouve quand on le cherche, et le christianisme qui se trouve quand on cherche la vie.

Evidemment, il y a sans doute façons diverses encore de chercher la vie et, parmi toutes les façons qui se peuvent employer, en est-il une qui soit celle qui plus spécialement conduise à ce résultat ?

Je cherchais la vie et je l'ai trouvée. Et la vie que je cherchais, c'était la vie, telle que vous la comprenez, la vie harmonieuse, la vie forte, la vie disciplinée, la vie féconde, la vie heureuse, la vie totale. Cette vie, je l'ai trouvée, ayant tué *ma* vie. Je l'ai réalisée en dehors des mots, ayant tué tous les mots, ayant aboli toutes les images, et cette vie en dehors de tous les mots, cette vie profonde, je l'ai trouvée dans tout un ordre de faits vitaux, dans la révélation d'une hiérarchie essentielle, que je n'ai eu aucune peine à identifier avec l'enseignement réel, vital, du christianisme.

Encore une fois, le christianisme, dans son œuvre révolutionnaire et recréatrice, ne consiste pas dans sa bonne nouvelle, qui était pour plusieurs une terrible nouvelle, ou en une simple application « nouvelle » des anciens principes humains connus, une manière plus intéressante, plus douce, plus « humaine », plus généreuse de grouper des images dans a chambre d'images ; il est la révélation du monde *totalement nouveau*. Il n'est point la révélation faite dans la chambre des images à l'homme de la chambre des images, mais une révélation qui se fait à la conscience, quand la conscience de l'homme de la chambre des images cesse d'être cet homme au moment où il sort de cette chambre et entre dans une autre chambre, qui lui en fait perdre le souvenir.

Quand l'homme de la chambre des images est sorti de la chambre des images, il ne voit plus d'images, mais il voit tout ce que ces images représentaient dans sa réalité éternelle et sans se souvenir lui-même des images, tant ces réalités sans images sont désormais pour lui, seule essence vivante, seule réalité, unique et éternelle substance.

« L'avènement du Christ en l'homme », ceci exprimé en un langage qui ne fait que renouveler à l'usage des modernes ce qui est dit éternellement, est le passage de l'homme de la chambre des images au vrai monde, au monde inconnu, là où il n'y a plus de figures, là où la figure de l'homme lui-même n'est plus une image, où l'homme ne croit plus vivre, en vivant ce qui n'est que représentation de la vie, et même représentation *inversée* de la vie, où l'homme ne confond plus sa vie avec la vie de son image, mais où il entre dans ce qui n'a plus besoin de représentation, dans ce qui n'a plus de limite, dans ce *qui est*.

Sortir de la chambre des images, c'est déposséder toute image de toute prétention à la réalité, c'est voir l'*Etre*, c'est entrer dans l'*Etre*.

Le Christ n'est pas venu seulement nous apporter une autre morale, il est venu nous enseigner un autre Cosmos.

29 juin.

J'écris dans la joie — j'écris dans le repos.

« Le repos ! » Quel mot pour l'homme !

La charrue est partie dès l'aurore, traînée par les bœufs, poussée de l'autre côté par l'homme, et tout le jour elle a gémi, tout le jour, soulevée, enfoncée, ramenée, renversant la terre, échauffée sur les pierres, arrachant les durs cailloux. Le soir, elle a été ramenée sous la grange où elle demeure immobile dans la froide inaction de la nuit. Se repose-t-elle, la charrue ?

Non, ce n'est pas là le repos !

Un homme a souffert et travaillé tout le jour, réfléchi dans l'inquiétude, combiné ce qui doit alléger sa vie. La nuit vient, il s'étend sur sa couche et perd la connaissance de soi-même. Se repose-t-il, cet homme ? — Non, ce n'est pas là le repos !

Le repos se prend seulement dans la joie ; la joie seule donne le repos !

Le repos commence à partir de l'instant où l'homme a compris, a senti parler en lui la parole de l'Infatigable.

Il y a beaucoup de gens qui soupirent après le repos parce qu'ils ont beaucoup souffert. La solution de leur repos n'est pas dans la disparition de leur fatigue, mais dans leur identification avec Celui qui ne se fatigue pas. « S'identifier avec l'Infatigable », a dit saint Denys l'Aréopagite. C'est là l'unique solution.

2 juillet.

Si j'étais prédicateur ou écrivain religieux, je n'hésiterais pas à bousculer les hommes, à leur dire au visage les choses terribles que je pense, pas plus qu'à leur faire les promesses de toutes les certitudes que je pense. Mais il faut compter avec les timides, avec les timorés, avec les tremblants, quand c'est ceux-là qu'il faut sacrifier, ô Nietzsche ! pour s'adresser aux forts, ne connaître que les forts, galvaniser les forts, qui, à leur tour, *soulèveront et sauveront les faibles.*

8 juillet.

On ne voit pas ma maison, parce que le bois est très épais. Peut-être, le soir, peut-on apercevoir une lumière qui brille entre les arbres... une petite étoile de plus, c'est ma lampe...

Sous le lustre invisible, il me semble que j'écris une lettre interminable à un ami lointain, qui porte des milliers de noms et que je ne verrai jamais.

J'écris comme un insecte ronge une pomme de pin au fond des bois. J'écris dans un silence extraordinaire ; et, dans ce silence, je suis tout près du cœur de l'humanité. Ce cœur vient jusqu'au mien et je l'entends battre au rythme de la nuit. Je n'écris pas pour mon plaisir, et c'est pour cela sans doute que j'écris dans la joie.

9 juillet.

La matérialité n'est pas un état de l'être, puisque l'Etre est Esprit.

Il existe pour notre pensée un pôle de vie, une pensée qui est la Pensée des pensées, un point d'attache qui est son point d'origine, la source d'où elle descend, et à laquelle elle puise toute la vérité, l'inspiration droite. C'est ce que les hommes appellent Dieu.

« C'est l'Esprit qui vivifie, la chair ne sert de rien. Les paroles que je vous dis sont esprit et vie. » (Jean, VI, 63.)

C'est l'Esprit qui donne la vie. La chair semble donner la vie, mais la vie que donne la chair n'est pas la vie. La vie que donne la chair est un simulacre de vie, une illusion de vie. Les paroles que je vous dis, non pas en tant qu'elles frappent vos oreilles, mais en tant qu'elles expriment la vérité, sont esprit et vie. « Je suis la Vérité et la Vie », il n'y a pas d'autre vie que l'Esprit.

L'homme, attaché comme un noyé à ce qu'il connaît de lui-même, ne veut pas se renoncer — confie à la mort le soin de le séparer de ce qui doit mourir — le blé qui meurt — par impuissance à concevoir une autre mort, qui, celle-là, ne soit pas une image.

Si Dieu est Esprit, c'est-à-dire si la réalité est Esprit, la mort n'est qu'une image, et la seule mort est de mourir à la mort, par gain de l'Esprit.

La mort n'est pas un tourniquet qu'il nous faille passer pour entrer dans la vie. La mort est la suprême et dernière expression du négatif, la dernière *idée* du négatif. C'est la nuit se faisant au sein de l'étang irréel, de ce qui n'est que l'envers menteur de ce qui est, car ce qui est n'a point d'envers. Autrement dit, c'est la dernière idée ou le dernier aspect, la dernière et cruelle fulgurance du « mensonge ».

Dieu est présent à l'homme *dans la connaissance éternelle et non de l'autre côté de la mort*. Sans quoi, Jésus n'eût pas voulu ressusciter Lazare et la phrase de saint Paul n'aurait non plus pas de sens : « La mort est le dernier ennemi que nous devons vaincre ».

23 juillet.

Ce que je suis venu faire ici ? Ouvrir des chemins, frayer des sentiers, faire le défricheur : « Oh ! qu'heureux est l'homme dont la force est en Toi, et celui au cœur duquel sont les « chemins battus. »

Quels « chemins battus ? » me demande-t-on. Quels chemins désigne-t-on ici ? De quelles bruyères sont-ils faits, ces chemins étranges ? De quels talus sont-ils bordés ? Et les oiseaux qui s'y envolent, de la plume de quels nids s'élancent-ils ?

Ces « chemins battus », dont parle le roi David, ne sont pas connus de tout homme, ce sont des chemins intérieurs... Ce sont ces chemins que nous formons en nous-mêmes, dans le profond pays de la conscience, que nous traçons à force de marcher, à force de passer, à force d'aller. Ces chemins battus, suivis par la pensée, ne s'ouvrent pas dans l'âme selon un dessin arbitraire ou capricieux mais sont, en chacun de nous, le tracé vivant de l'unique itinéraire de nous vers Dieu. Sous l'impulsion de grands événements, ou à la suite de douloureuses et persévérantes recherches, un jour, tout subitement, le sentier intérieur s'est éclairé. Ce fut d'abord comme un rais de soleil tachant le sable d'une allée. On eût dit l'enseignement d'un premier principe ; comme la première apparition de cette rose latine, de cette « rosa » qui se tient toute seule sur la branche et jamais fanée, à l'entrée du monde de notre enfance studieuse. Rosa ! Puis, lentement, la lumière s'est dilatée en des faisceaux ardents qui illuminèrent la contrée tout entière. L'âme s'engagea dans cette voie évidente et secrète, et, peu à peu, le pays de l'homme lui fut révélé.

*
* *

26 juillet.

Ce que je suis venu faire ici ? Deux choses fort importantes : me dépouiller de ma croyance au mal, et contempler un autre spectacle que le sujet désespérément fini qui, tour à tour, et depuis que je suis dans ce monde, ne cesse de se donner à moi comme mon seul moi-même.

Celui dont je m'approche, Notre-Seigneur Jésus-Christ, a dit : « Je suis venu dans le monde pour ce jugement : que ceux qui ne voient point voient ; et que ceux qui voient deviennent aveugles. » Je suis donc venu ici pour devenir aveugle. Aveugle à quelle nature ? A quel spectacle ?

« La vérité fait une nouvelle créature, dit saint Paul, dans laquelle les choses vieilles passent et toutes choses sont devenues nouvelles. » Je suis venu ici pour devenir aveugle aux choses vieilles. Mais la chose la plus vieille dans l'homme étant le mal, je suis venu ici pour devenir aveugle au mal ; tâcher de faire comme Dieu qui, comme le dit saint Jacques, n'ayant point créé le mal, ne le connaît pas et a les yeux trop purs pour le voir.

Puisque je suis son image et sa ressemblance, il me sera certainement accordé, si j'ai bonne volonté, de devenir *ce que je suis*, c'est-à-dire de prendre enfin conscience de la vraie nature de mes yeux, qui sont image et ressemblance de la pureté des yeux du divin.

L'homme est l'image de Dieu. Voilà ce qui se répète depuis toujours et sur tous les tons. Mais comprend-on ce que cela signifie ? Si on le comprenait, si on le réalisait, l'humanité entrerait tout de suite dans un monde nouveau. Mais elle n'y entre pas, parce qu'elle ne le comprend pas.

Cette phrase signifie ce qui suit. Quelqu'un se regarde dans un miroir et aussitôt dans la glace du miroir un visage apparaît. Ce reflet apparu dans le miroir est l'image et la ressemblance de celui qui a présenté son visage devant le miroir. Celui qui se regarde *s'exprime* dans ce miroir.

Dieu ne peut se regarder dans un miroir, mais il se connaît dans sa loi, de sorte que sa loi devant sa face fait office d'un miroir dans lequel il s'exprime continuellement. C'est ainsi que dans le miroir de sa loi vivent continuellement l'image et la ressemblance de son être, image qui n'est pas Dieu, mais qui n'est tout de même pas l'image d'une autre personne que Dieu même. Cette image, qui ne peut être l'image d'une autre personne que Dieu, est l'homme. Ainsi lorsqu'il est dit : *l'homme est l'image de*

Dieu, cela signifie donc, réellement : l'image de Dieu a pour nom l'homme, ou nous appelons homme l'image de Dieu.

Quand l'homme de cette terre comprend bien cette analogie et qu'il devient capable d'évoquer devant ses yeux dans le miroir limpide de la loi divine cette image et ressemblance de Dieu, avec laquelle se confond et s'identifie son être éternel, lorsque l'homme de cette terre prend conscience de cela, il cesse dès cet instant de n'être que le rêve d'une ombre, il s'identifie avec son être éternel et il est transfiguré.

SAINT JEAN ET L'APOCALYPSE D'ALBERT DÜRER

Décembre.

Voici deux ans que cette maison est en ma possession et que je m'y donne presque chaque saison rendez-vous, à moi et à un autre homme, un homme qui va pieds nus, couvert d'une longue toge blanche et coiffé d'une perruque, comme d'une blanche peau d'agneau qui lui retombe sur les épaules. Cet homme est saint Jean l'Evangéliste, saint Jean tel que l'a vu Dürer, tel qu'il l'a représenté au cours de ce grand drame mystérieux en tête duquel il a écrit en splendides caractères gothiques, du genre vieil allemand, ornementés par une plume savante : *Apocalipsis, cum figuris.*

L'Apocalypse, saint Jean, Dürer... Et voici deux mois que je vis dans ces trois mondes, me remplissant des images du poème révélateur, écoutant des paroles d'une douceur ineffable, demeurées sur la brise comme parfumées de l'odeur des violettes sauvages de Pathmos, et regardant travailler, dans les fières épaisseurs du plus beau des noirs, le burin d'un des plus grands artistes qui furent jamais.

Pendant ce temps, des « esprits de vie », colombes et tourterelles, à longueur de jour, tournent autour de mes pins et y roucoulent dans leur fourrure.

6 janvier.

A l'intérieur de ce livre, le grand combat, le grand travail, les œuvres de Dieu, les œuvres de l'homme et le moyen dont se sert la vérité pour rappeler l'homme sous sa loi. Tout l'après-midi, j'ai parcouru ces montagnes, j'ai exploré ces descentes, et le soir, à la nuit, quand je rentre, marchant sur la route d'un bon pas que relève un merveilleux esprit de certitude, les yeux attachés aux étoiles qui scintillent au-dessus de la campagne, fixés sur la Grande Ourse, Orion, le Sagittaire, et sur cette fine grappe d'or suspendue qui s'appelle les Pléiades, les yeux levés, dis-je, vers cet étonnant monde noir et or, mêlant dans la joie de mon cœur le souvenir des paroles méditées au plaisir que me donne la pluie des étoiles filantes, et n'ayant aucune raison dans cette nuit de cacher sur mes lèvres le sourire que tant de beautés sublimes y font naître, je rencontre des paysans qui ont cru voir, disent-ils, dans l'obscurité, en me croisant, un homme, les yeux au ciel et qui faisait sur sa poitrine le signe de la croix...

7 janvier.

La neige. La neige est tombée et de mon bois a fait un seul bloc de blancheur immaculée. Tout est blanc, sauf les colombes. Les colombes, et, à l'intérieur de ma cabane, qui plie sous le faix de tant de flocons amassés, la gravure de Dürer laissée la veille.

Avec la vue de cette neige on aperçoit jusque dans les profondeurs de la nature la pureté que Dieu y a mise. Autour de nous, je veux dire autour de moi, de Dürer et de saint Jean, car nous composons dans ces bois un trio perpétuellement chuchotant (nous allons même jusqu'à donner ensemble du pain aux colombes !) autour de nous, ce matin, ce ne sont que pans de neige au velouté sans nom, presque « le ciel nouveau et la nouvelle terre » de notre cher évangéliste.

Des reposoirs de pensées pures semblent avoir remplacé à tout jamais les lieux où jadis notre poésie avait si fort à faire à tâcher d'épurer les foyers de nos tristesses. Il me semble voir éclater dans la splendeur de ces « noces » la vérité tout entière de la phrase du vieux Ruysbroeck : « L'intellect a reconquis sa simplicité, sa pureté ; il se plonge dans l'être infini, il ne connaît plus que l'essence éternelle. » Et je saute de joie devant cette neige comme devant cette phrase. Et je me rappelle la courte conversation que j'eus il y a quelques semaines avec un jeune égaré de Paris, un de ces charmants écrivains dont la tête est auréolée de toutes les facilités miraculeuses mais qui font pousser le lis de leurs paroles dans des couches multiplement superposées de pourriture. Il me demandait mon avis sur son œuvre. Je lui dis : « Je ne vous répondrai pas... mais fuyez, fuyez au plus vite, fuyez pour très longtemps, fuyez pour de nombreuses années, pour jusqu'à ce que vous receviez l'ordre de revenir, allez vous fixer au sommet le plus élevé de la montagne la plus couverte de neige que vous pourrez trouver, et là, seul, sans autre spectacle que la neige, respirez dans la neige, lavez-vous dans la neige, frottez-vous avec de la neige, roulez-vous dans la neige, nourrissez-vous de neige, devenez tout entier de neige jusqu'à ce que vous ne connaissiez plus de vous, autour de vous et en vous, qu'un cœur de feu... » »

8 janvier.

Toujours la neige et toujours ici saint Jean et Dürer, qui m'émeuvent, qui m'enseignent, qui m'apprennent à regarder toujours plus à fond dans les organes du monde. Oh ! comme je commence à comprendre, comme je commence à saisir leurs perspectives infinies ! Et combien tout cela est plus magnifique, plus dévoilant, plus initiatique que je n'aurais jamais pu le supposer autrefois !... En vérité, les cœurs tremblants et pervertis qui se refusent à aller mener une vie d'aigle parmi les neiges rupestres des hauteurs n'ont guère le soupçon qu'ils ne possèdent pourtant que le choix entre cet exil suprême et l'exécrable . sort d'être foulé aux pieds sous les durs sabots des quatre chevaux du chapitre VI du grand poème apocalyptique qui n'excepte personne !

Quelquefois, Dürer tenant droit sa haute tête aux cheveux partagés et retombants le long de ses joues, tandis qu'il serre toujours entre ses doigts les cinq étoiles bleuâtres de son chardon, emblème d'austérité : — Les entendez-vous ? me dit-il.

Ici, c'est déjà loin dans la neige... Ici, nous sommes plongés dans le soyeux silence que le grand éloignement nous procure... Mais la subtile oreille de l'esprit perçoit distinctement le bruit que font les seize sabots sur le pavé des villes... et l'œil de cet esprit n'a pas de peine à suivre de loin les quatre cavaliers lancés, brides abattues, sur le monde horrifié : l'homme au cheval blanc, l'homme au cheval roux, l'homme au cheval noir et le funèbre vieillard au cheval pâle... Tous les quatre, « quatre millions de millions » après la rupture du premier sceau de l'erreur, sont partis de l'invisible et, formés sur un rang, ont débouché dans le visible, de plus en plus visibles, de plus en plus couverts de leurs lourds harnais, de plus en plus semant la guerre, la famine, la ruine, la peste, les morts subites et tout le déchaînement des forces sauvages.

La lumière s'obscurcit. Et tandis qu'un ange, fou de fidélité, déploie au-dessus de l'escadron le vent furieux de ses ailes, les hommes sont abattus par la trombe, et l'on ne voit plus derrière les cavaliers que des linceuls, des linceuls, des linceuls... Partout, silence de mort. L'on n'entend plus qu'une seule voix d'homme, un seul homme qui supplie, à l'un des bouts du monde : « Restez, mes frères, je vous en conjure, restez fidèles à l'esprit de la terre [1] ! » Tandis qu'à l'autre bout, une autre voix s'élève et proclame : « Je sais, mes frères, je sais que mon Rédempteur est vivant [2]. »

Et tous les pauvres hommes, couchés à terre, se soulèvent à demi, en écoutant avec angoisse, l'une après l'autre, et sans savoir à laquelle répondre, ces deux paroles qui se partagent et se disputent le monde...

9 janvier.

Ce soir, vécu dans mon bois un profond silence. Un instant, des essaims de corbeaux vinrent tournoyer au-dessus des champs de neige ; puis j'ai fermé sur moi ma maison et allumé ma lampe solitaire.

Ouvert l'Apocalypse et longtemps regardé avec émotion, car je reconnais tout cela, cet homme à la perruque faite d'une toison d'agneau, vêtu d'une longue toge, d'où sortent, par derrière, ses pieds nus, prosterné devant l'Etre souverain, ses deux mains en avant toutes jointes, tandis que brûlent autour de sa prière les sept chandeliers de la connaissance.

Combien d'hommes, en regardant ce saint Jean, croiront ne voir là que saint Jean et ne sauront pas que cet étrange personnage, c'est eux-mêmes — car il n'y a qu'un homme devant Dieu — que ces sept chandeliers ne sont pas les flambeaux du temple, mais bel et bien les supports incorruptibles d'une lumière qui ne se trouve que dans leur propre cœur... Sept chandeliers, oui, au lieu d'un seul, ce qui veut dire que la lumière divine ne se forme pas en un jour, mais manifeste ses approches en procédant par étapes, qui équivalent chacune à un chandelier d'or... Le nombre sept ne représente même pas ici sept étapes, mais beaucoup davantage. Sept est un nombre sacramentel qui signifie un nombre de fois incalculable. La conquête de la lumière de Dieu, de la première toute petite lumière de Dieu, celle dont tant d'hommes disent : « La rechercher, c'est refuser de vivre », cette petite lumière n'apparaît un beau jour au sommet de l'intelligence que comme le prix d'une quantité infinie de victoires, petites victoires ou grandes victoires, parmi lesquelles il est indifférent de compter nombre de défaites, les défaites étant encore des victoires, quand elles sont supportées par l'âme des victorieux.

10 janvier.

Qu'est-ce qui s'appelle rester à la surface des choses ? Est-ce ne connaître des objets que leur utilité par rapport à nos besoins de chaque jour ? — Assurément non !

Mais pénétrer dans la science des relations dans l'étude des causes qui régissent les phénomènes, voilà sans doute ce qui s'appelle : quitter la surface des choses ?

Point davantage !

... Mesurer au niveau et à l'équerre un univers dont les jalons et les bornes ne sont que les figures d'un mirage, et s'amélancolir au pied de ses instruments de précision impuissants, comme le fait la *Mélancolie* de mon cher Dürer, au lieu de mettre tout son amour, qui est la force, à découvrir ce royaume original, cette source de formes innombrables, dont on nous a dit si souvent qu'il n'était qu'en nous-mêmes, voilà ce qui s'appelle demeurer à la surface des choses et rester assis comme cette Mélancholia contre la porte du Temple.

11 janvier.

Ma vue intérieure est ce soir semblable à un champ criblé d'étoiles nouvelles... Mais qui m'eût dit que je vivrais un jour sur cette terre, avant la mort, un pareil événement !

Il y a quelques années, étendu par une chaude après-midi d'été, et regardant devant les yeux de mon imagination circuler la foule des petits hommes, j'avais eu tout d'un coup, dans cette disposition passive, la même intuition profonde qu'eut sans doute autrefois le vieux Parménide d'Elée. Tout d'un coup, par une lumière intérieure, éclair jailli au fond de mes ténèbres — les ténèbres, dans ce monde des pensées, ne se jugent pas en fonction de la nuit où elles reposent, mais en fonction de la lumière qui les révèle comme telles à elles-mêmes — j'ai vu se former, dans un rayonnement d'évidence indiscutable, la pensée restée depuis à la base de toute ma vie : « Il n'y a à être que l'Etre. Rien n'existe que l'Etre. »

Cette foule, toutes ces fugaces personnalités humaines qui se pressaient en tous lieux, tous ces agiles corps humains qui grouillaient de par le monde, tout cela ne possédait qu'une vie seconde, empruntée aux illusions de la Maya, ne participait à la véritable existence que dans la mesure où la divine Réalité leur maintenait en la leur communiquant une qualité éternelle d'ombres ou de reflet de l'Etre Unique.

A cet instant, je venais de prendre possession d'une vie autrement puissante que ma vie — et je me disais maintenant, songeant à l'évidence qui venait de m'éblouir, en même temps qu'à la « première parole » qui fut dite : « Que la lumière soit ! » : « Y a-t-il donc une lumière plus auguste, plus digne d'être celle de la vraie création divine que la lumière dont s'éclaire, dans le cœur de l'homme, la vision de l'Etre de Dieu ? »

« Que la lumière soit ! »

Or, ce soir, tout d'un coup, voici que ma pensée en moi s'éclaire à nouveau. Une séparation se fait, une dissociation totale, définitive, entre deux domaines qui, jusqu'ici, dans ma conscience, n'avaient connu que le plus profond mélange : le domaine inférieur de ma propre expérience d'un côté, domaine inconsistant de mes vaines et « insubstantielles » idées, et, de l'autre, séparé par une étendue infranchissable, mais toujours sous mon gouvernement cependant et comme sous la garde toujours de mon œil intérieur, le domaine supérieur de tout ce qui englobe et concerne l'immensité divine. Triage ineffable, qui s'est accompli dans la substance même de mon esprit, et qui ne me permet plus désormais d'errer dans l'ignorance des valeurs éternelles...

... Exactement la réalisation intérieure, comme je l'ai dit, de cette grande image si mystérieuse de la Genèse que nous trouvons après avoir assisté à la création de la lumière : « Puis Dieu dit : Qu'il y ait une étendue entre les eaux, et que cette étendue sépare les eaux d'avec les eaux. Et Dieu fit l'étendue ; et Dieu sépara les eaux qui sont au-dessous de l'étendue de celles qui sont au-dessus de l'étendue. »

Qu'étaient, que signifiaient jusqu'ici, au sens habituel, cette inexplicable figure, ces eaux « qui sont au-dessous de l'étendue », et ces eaux « qui sont au-dessus de l'étendue » ? — Quelles pouvaient être ces eaux situées au-dessus de l'étendue ?

Mais maintenant je viens de recevoir, de ce passage, la vivante explication.

Dürer lui aussi a vu, certainement... C'est la troisième gravure, celle qui suit la scène des chandeliers ; qui est celle du « que la lumière soit ».

Le sujet se compose de bas en haut : en bas, la terre, une vallée ; au-dessus, la démarcation infranchissable, le ciel, l'étendue que Dieu appela cieux ; puis, au-dessus encore, saint Jean lui-même au milieu des grands vieillards qui déposent leur couronne au pied du trône de l'Etre...

L'Apocalypse ne commence pas avec l'Apocalypse. Tous ces tableaux ont leurs antécédents très haut dans le passé. L'Apocalypse est la conclusion de toute une série d'événements mythiques et historiques, qui débutent avec la Genèse, le drame de la création et de la chute de l'homme, mais elle est surtout, comme je viens de le voir, l'histoire du véritable développement de la conscience humaine à travers son douloureux passage de l'ignorance de Dieu à la connaissance de Dieu. L'Apocalypse est l'exposé de la solution donnée par Dieu lui-même (cette voix qui ne se tait pas en nous) aux inextricables difficultés créées par le péché humain ; elle est la solution au problème du mal, tel que ce problème a résulté pour les générations de la désobéissance commise par le premier couple.

Ici, au début de cette Genèse, qui est le premier acte du grand drame dont l'Apocalypse est le dénouement, se place un fait très important, le fait, non pas qu'il y eut deux créations, mais qu'il existe deux récits de la création. L'homme que nous connaissons comme pécheur, Adam, le fils de la terre rouge, est le héros du deuxième récit, il n'apparaît qu'au deuxième chapitre de la Genèse, alors que, dans le premier chapitre, nous avons lu le premier récit de la première création, où Dieu, cette première fois, nous est montré, non point pétrissant l'homme de la poussière de la terre, mais le formant avec son esprit, faisant de lui son émanation, le créant de par sa volonté, à son image et à sa ressemblance. L'homme de ce premier récit est donc bien l'homme de la création de Dieu, l'homme parfait qui, depuis l'origine, n'a jamais quitté le sein du Père. L'image et la ressemblance du Créateur, laquelle image ne peut, à aucun moment, avoir été moindre qu'elle-même.

Et c'est cet homme de la Vérité, créature accomplie de l'Eternel, qu'il s'agit pour l'homme de retrouver, et qui se retrouve, comme il est dit dans l'Apocalypse, par les mérites du sang de l'Agneau et au prix du grand combat livré par les anges.

13 janvier.

Toujours la neige, de plus en plus la neige. De plus en plus mes sapins lourds de cette blancheur ; et de plus en plus, moi-même, m'enfonçant dans tout ce blanc, et me donnant l'impression de m'intégrer en la trame de quelque vieille tapisserie des Flandres, où l'on verrait, au fond des neiges d'une forêt lointaine, un personnage solitaire, à la figure presque effacée et feuilletant devant lui les scènes célèbres et incroyables de l'Apocalypse. Car je lis toujours mon Apocalypse ; mais je ne la lis pas comme si j'étais « enflé par le faste de la science », ou « tombé dans le sombre désir des visions curieuses », mais seulement parce que j'y vois une incomparable histoire, ma propre histoire et notre histoire à tous.

Que d'hommes ont pris tous ces orages déchirant les mers, toutes ces élévations d'esprit au-dessus de la pluie d'or des cieux, toutes ces ouvertures de sceaux dans des lumières aveuglantes, tous ces cantiques d'élus entendus dans les vallées de l'Agneau pour des images de visionnaires et les compositions d'un esprit échevelé. Oh ! combien nous sommes loin du compte, et comme ici, dans ma neige, toutes ces images se dessinent avec calme et, au moins, quelques-unes déjà, les premières, laissent dans mon esprit un grand sens merveilleux, qui est celui de mes propres jours !...

Ici, bien entendu, si j'avais à choisir les auditeurs de ces paroles, je m'adresserais de préférence à ceux qui savent ce que c'est que « voir ». Car il y a ceux qui « raisonnent » et il y a ceux qui « voient » (je veux dire ceux qui voient dans le secret). Et ceux qui voient dans le secret n'ont point besoin de raisonner, je veux dire d'échafauder des syllogismes, parce que ce qu'ils voient est « la raison » même.

Aussi, à la louange de ceux qui « voient » de la sorte, aussi bien qu'en manière d'introduction à ce que je vais dire, je citerai cette admirable page de Ruysbroeck, extraite du livre III, chapitre Ier de *l'Ornement des noces spirituelles* :

« C'est pourquoi je désire que quiconque ne comprend ni ne ressent, en l'unité de son esprit, ce que je dis, ne se scandalise pas et laisse *être ce qui est ;* car ce dont je veux parler est vrai, et le Christ, la Vérité éternelle, l'a exprimé par son enseignement en maints endroits, pourvu que nous sachions l'y découvrir et le mettre en lumière. Celui donc qui veut comprendre ces choses doit être mort à lui-même et vivre en Dieu ; puis se tourner la face vers la lumière éternelle qui luit au fond de son esprit, là où la vérité cachée se révèle sans intermédiaire. Le Père céleste, en effet, veut que nous soyons « des voyants », car il est un Père de lumière ; et c'est pourquoi il prononce éternellement, dans le secret de notre esprit, sans intermédiaire, et sans cesser jamais, une parole unique, profonde comme l'abîme, et rien de plus. Et cette parole ne dit rien d'autre que : *Voyez.* »

Voyez !.... Si des hommes comme Ruysbroeck, et comme des milliers d'autres encore, à qui l'on ne saurait refuser d'être ce qu'il y a de plus sensible et de plus pénétrant dans l'ordre de l'intelligence, ne se sont pas trompés en voyant la vérité à la place où ils l'ont vue, grâce à cette opération de leur esprit dont le caractère est le sublime, il faut donc que la vérité ne se trouve absolument pas dans cet autre plan étranger au premier et dénué de tout sublime, où croient la rencontrer ceux qui n'ont pas vu ce qu'a vu Ruysbroeck. La vérité n'est pas dans l'un et l'autre plan *à la fois*. Quant à la question de savoir auquel des deux elle appartient, ce sont les temps de demain qui, à travers et par les pires douleurs, l'apprendront et en décideront.

Pour moi, je me rappelle une fois de plus cette minute de nuit où je sentis aussitôt que je touchais à l'une des plus grandes de mon existence, et qui fut l'une de celles que je passai étendu après la chute que je fis un soir le long des quais du port.

Cette nuit-là, il était peut-être minuit ; un grand silence remplissait la chambre, où régnait une vague lueur accompagnée du pétillement des dernières combustions. Quand, soudain, se fit entendre, dans le fond de la pièce, un glissement léger : celle dont les douces mains me versent, sans compter, le baume de l'affection humaine venait, à pas étouffés, se dirigeant vers la porte. Elle s'éclairait d'une bougie, qu'elle tenait du bout de ses cinq doigts et qu'elle protégeait avec son autre main. Ses doigts autour de la flamme étaient roses et transparents, et, tandis qu'elle traversait ainsi l'obscurité, elle ressemblait à l'héroïne de la classique estampe japonaise d'Outamaro, la fiancée de Kamiya-Jihei, s'éclairant elle aussi de son flambeau, pour sortir dans la tragique nuit de l'hiver.

Comme c'est étrange ! me dis-je, que l'homme, cet être qui représente si bien, quand il aime, la ressemblance de Dieu, ait besoin d'une bougie pour éclairer ses pas... Comme il est incroyable qu'un petit fragment de cire comme celui que je vois, moulé autour d'un simple filet de coton, puisse bien dis. penser la lumière à une âme immortelle...

Puis, la porte se referma ; et, l'obscurité étant retombée dans la chambre, tout d'un coup, au fond de ma pensée solitaire, voici ce que je vis.

Un petit mot, le mot « moi », ce mot dont nous nous servons si couramment et avec tant d'abondance, que nous affublons si généreusement, comme un mannequin, de tant d'habillements, de travestissements, de chaînes et de breloques, dont nous faisons avec si peu de parcimonie le support de tant de masques divers, d'expressions changeantes et de pensées empruntées, ce mot qui est, sous notre protection, un boulevard le long duquel se promène une foule si composite de sensations, d'impressions, de souvenirs et de rêves, tout d'un coup, ce simple petit mot avait pris à mes yeux un sens accompli et suprême.

Dans une révélation des profondeurs et des hauteurs, je vis à sa place un autre moi, le vrai « moi », le *seul* « moi » ; l'Ego, un moi immense, illimité et, au-dessus de toute mesure, l'unique moi possible. Rien dans la création ne pouvait être comparé à cette essence merveilleuse, identité étincelante, principe éclatant, d'une pureté absolue, d'une beauté absolue, d'une perfection absolue, d'une grandeur infinie.

Je n'aurais pas fait une acquisition moins déconcertante et moins considérable si j'avais, d'un seul coup, pénétré tous les mystères des sciences. D'après ce qui m'était montré, il n'y avait pas de vrai « moi » dans tout ce que nous appelons le visible. Il n'y avait pas deux « moi » en nous, il n'y en avait qu'un seul et celui-là seul existait, qui était celui de la création de Dieu. « Arrêtez ! et sachez que c'est Moi qui suis Dieu. »

Arrêtez, et sachez que c'est en l'Ego que résident l'image et la ressemblance de Dieu. Mais n'allez pas confondre le moi du vieil homme, cet affreux moi fini, *ombre de la caverne*, qui n'est qu'une contre-façon de lumière, avec le moi véritable qui siège dans les profondeurs de la pensée purifiée. Le Moi de ces profondeurs et de ces hauteurs, il faut bien y arriver et prendre en lui sa joie. *Pas d'identité en dehors de Dieu.* En dehors de Celui qui contient notre vie, notre mouvement et notre être... De sorte que ce « Moi » que je voyais était bien celui-là en qui toutes les paroles du Sauveur Jésus-Christ ont été dites, et réalisées toutes les merveilles de son exemple.

Dès lors, ce qui maintenant était clair à mes yeux, c'était que le moi de notre expérience commune, notre pauvre moi de tous les jours, ce moi si empiriquement initié à soi-même, et que des philosophes ont déclaré n'être fait que d'éléments fugitifs et sans substance, à telles enseignes qu'ils l'ont vu finalement s'évanouir devant leur analyse, ne nous apparaissait sous tant de maigres espèces que parce que nous ignorons par notre faute ce qu'il est dans la réalité seule incorruptible et seule réelle, c'est-à-dire le lieu du gouvernement complet de Dieu lui-même.

« Ce n'est que le fini qui souffre et qui pèche, a dit un grand penseur de ces choses ; l'infini gît étendu dans le riant repos... »

Mais, écoutez aussi : Si le fini quitte son péché et pense l'infini avec amour, l'infini peu à peu transforme le fini, comme la lumière chasse les ténèbres.

Les ténèbres !... Les ténèbres du faux moi !... Cela me rappelle cette étrange nuit où je me retrouvai avec un ami devant les illuminations de l'Opéra de Paris, après plusieurs années d'absence, et comment, au brusque sortir de mes pauvres ombres personnelles, j'avais devant les yeux des architectures d'affiches rutilantes, des incendies de couleurs, une extraordinaire nuit de Walpurgis. Saisi par l'originalité méphistophélique de ces édifices de feu et de lumière, je restai là, béant.

Mon ami était un poète. « Et cela ? » me dit-il tranquillement, en levant son doigt vers le ciel.

Du regard je suivis son geste...

En haut, dans le grand noir infini que bordait dans les régions basses la fête grimaçante des maisons couvertes d'affiches lumineuses, parmi les nuages qui passaient, brillait l'idéale figure de la nuit, la divine Lune, l'adorable Séléné.

Pure comme Diane, lointaine comme Diane, elle semblait trôner là dans l'inaccessible ; et tel était le contraste de cette vivante et sensible chair avec toutes ces guirlandes d'électricité coloriée, qu'aussitôt me vint à l'esprit la splendide expression qui se lit dans Matthieu : *les Ténèbres du dehors*. Ces ténèbres étaient ce qui paraît brillant et qu'il faut éclairer, et qu'on ne peut finalement éclairer qu'au moyen des rayons ineffables de l'unique lumière.

15 mai.

Je n'ai pas pu, avant ce 15 mai, retourner à ma maison des bois ; mais à cette date j'ai pu faire le chemin.

Je me sens dépositaire d'un trésor, auprès duquel celui de la science, de la science des savants, de toute la science réunie des choses, n'a presque plus d'importance...

Mes sentiers... Mais la neige a disparu : le pays est d'or, couvert d'or et de pierreries à perte de vue... Je côtoie de l'or... Je fais tomber en passant des morceaux d'or. Un tapis de fleurs courtes compose sous mes pas un épais tissu de soie où, à chaque pointe, s'épanouit une gracieuse étoile d'or, et des merles au bec d'or ne cessent de courir et de pépier parmi cette renaissance florale. Quel hymne de joie !

Puis ma forêt silencieuse, dont la verdure est réchauffée..., puis ma maison silencieuse, dont les rideaux, le long des vitres, s'harmonisent avec l'or de toutes ces fleurs...

Ma clé... ma clé un peu rouillée parce que je l'avais mise dans ma poche sans m'en apercevoir avec un peu de neige... Je suis tout ému.

Je suis tout ému, surtout lorsque je retrouve sur la table, gardée là comme par l'ange des fortes intentions, l'œuvre de Dürer, ouverte à la double page qui représente, d'un côté, la charge meurtrière des « quatre cavaliers lancés sur le monde », et de l'autre, « l'ouverture du sixième sceau ».

Et voilà, inscrite ici, dans ces deux pages, toute l'histoire de ma vie : ce dont j'ai souffert et qui est une des étincelles arrachées à la pierre par le sabot d'un de ces chevaux tout-puissants... Puis, à côté, tout auprès, cette brûlante étincelle, l'ouverture du sixième sceau.

... Juste sous l'étage du ciel, une nuée se déchire, et de blancs bourrelets de nuages, s'écartant comme les rideaux d'une alcôve, protègent la descente sur terre d'une lumière éblouissante, qui s'écoule en un faisceau étoilé. Au-delà de ce faisceau, la lune, devenue d'un rouge sombre, ainsi qu'un caillot de sang, et le soleil, rendu noir « de même qu'un sac de poils », ne sont plus dans l'obscurité que des astres inutiles. La vraie lumière, la seule lumière n'est plus celle que dispensent les astres, elle est celle qui descend en droite ligne des hauteurs du trône de Dieu...

Mais, que de gens sont éblouis, que de gens ne veulent pas voir et, se croyant en grand péril, prennent la fuite !... « Non, non ! » s'écrient-ils, ce n'est pas cela la lumière !... La vraie lumière est la bonne lumière que distillent nos lustres !... La lumière que Dieu a créée est la lumière que font nos lustres ! » Et ils se sauvent et se vont cacher au creux des rochers profonds.

Quelle répugnance ignorante que cette répugnance, comme celle de mon pauvre cher Frédéric Nietzsche, dont font preuve ceux qui ont tellement sur les lèvres le goût de la terre, pour avoir dormi trop longtemps dans l'humidité de ses lits de glaise et s'être, outre mesure, pénétrés de l'esprit des épines qui se dessèchent et de l'âcre poésie des herbes qui meurent !... Pour eux aussi, à leurs yeux, mourir est le seul destin, et leur parler de Dieu et du « moi » immortel, c'est leur voiler aussitôt la seule chose qui leur demeure un spectacle un peu rafraîchissant : les feux du matin, ce qui a nom dans une certaine langue d'homme, l'aurore... Car ils aiment tout de même encore l'aurore !

... Quand j'aurai des amis qui voudront m'écouter, je leur dirai : « Lorsque vous aurez compris ce que j'entends maintenant par le *moi*, lisez et méditez cette phrase d'Isaïe : *Moi*, l'Eternel, je suis votre Saint (c'est-à-dire : je suis la sainteté même du *moi* que j'ai mis en vous) ; le créateur d'Israël (c'est-à-dire, le créateur en vous du *moi* de la connaissance et de la vraie puissance). Je suis Votre loi (c'est-à-dire le *moi* que vous devez servir constamment, autrement dit : contempler sans cesse, pour lui devenir semblable). »

« La ressemblance est mère de l'amour », c'est du moins ainsi que s'exprime un héros, dans un antique dialogue celtique que je viens de lire, intitulé : *Le Départ de l'âme*. C'est bien ainsi qu'il faut dire, et il faut même dire encore davantage, soit : la ressemblance est mère et fille de l'amour ;

car, c'est parce que le monde a été créé à la ressemblance de Dieu qui est amour, que dans ce même monde existe entre les êtres l'amour, c'est-à-dire ce qui les unit et tend à confondre tous leurs visages en un seul.

Je pense toujours à ma grande nuit dont j'ai parlé et il me vient ceci : lorsque, au-dessus de toutes choses, apparaît le Moi, et que la voix parle de pureté intégrale, que l'intelgence s'ouvre à la compréhension de ce *Moi* transcendant, seule réalité du moi, alors « les morts entendent la voix du Fils de Dieu » et « ceux qui l'auront entendue vivront ».

Il faut savoir, lorsqu'on prononce ce mot, lui donner en esprit toute sa valeur. Dans Jésus, il y avait l'homme, notre frère, et il y avait le Fils de Dieu, cet Ego, ce moi, qui est le moi qu'entraperçurent quelques-uns, et dans lequel le Fils de l'homme était « né de nouveau », et qui était son « moi » véritable, son « moi » dans le ciel, celui dont il parlait lorsqu'il disait : « Ces œuvres que mon Père m'a donné le pouvoir d'accomplir, ces œuvres-là que je fais, rendent témoignage de *moi* » ; lorsqu'il disait : « Le Fils de l'Homme *qui est dans le ciel* » ; lorsqu'il disait :... « Sondez les Ecritures et comprenez-les, car Moïse a écrit de *moi*. »

22 mai.

A trois quarts de lieue de mon ermitage, il y a, isolée dans la montagne, une petite maison jusqu'où je conduis souvent avec joie ma promenade, quand descendent sur le pays les heures de la fin du jour. De cette chaumière dans les bois ne s'élève jamais aucun bruit. Elle est habitée par un homme, tonnelier de son état, qui, à l'entrée de son courtil, a suspendu une pancarte où, d'une main aussi hardie que convaincue, sont écrits ces mots : « Tonnelier en tous genres. » Annonce qui ne laisse pas d'être singulière, vu que, dans toutes les directions susceptibles d'être prises en partant de cette maison, s'étendent pour le moins trois grandes lieues de solitudes, où ne se trouvent tout du long que des bois, des étangs, des fourrés d'ajoncs, des garennes incultes.

Les seuls chalands capables de s'intéresser à ces tonneaux annoncés sont donc les seuls passants de ces sentiers, petites bêtes sauvages qui vont et viennent autour de leur trou de terre, et l'on se demande de quelles étranges commandes de tonneaux ces animaux peuvent bien fournir la muette petite maison qui n'a pas de voisine.

Et alors, ce soir, en m'en revenant, je me dis : « Pourquoi ici, tout aussi bien, un lapidaire, un joaillier ne serait-il pas venu, avec la même chance d'écouler sa marchandise, installer sa vitrine ruisselante de bijoux et de parures pour la plus grande joie des corbeaux, des rossignols, des verdiers, des mésanges, des rouges-gorges, des pics, des sansonnets, des pinsons, des merles, des roitelets... tous accourus en foule, tous rangés, couvrant le sol, parmi la mousse et les herbes, et caquetant, et devisant devant la belle vitrine en compagnie du peuple au petit poil, comme taupes, lièvres, belettes, renards, hérissons, tous regardant avec frénésie étinceler les topazes, et se montrant ce qu'ils connaissent si bien, la jolie feuille de la vigne changée devant leurs yeux en une incomparable monture de diamant ?

Les oiseaux, les renards, les pinsons des bois, sortis de leurs bas fourrés et des trous de vase de leurs mares, ne seraient pas plus étonnés devant ce resplendissant incendie, que je ne le suis moi-même en portant avec moi, tout le long du chemin, dans mon cœur, et dans ma maison, et toujours, et partout, la révélation dont j'ai été l'hôte... La vue du diamant pur dont est fait en réalité ce que je croyais être la corruption même... La vue du « moi » parfait, oui, j'y reviens encore, cette feuille de diamant qui s'est ouverte dans mon cœur, et dont je n'avais eu jusqu'ici ni conscience ni soupçon ! « Tu étais là, Seigneur, et je n'en savais rien. »

Ma joie est merveilleuse, je comprends quelque chose de merveilleux. Je comprends que j'entre dans un monde nouveau.

Entrer dans un monde nouveau, ce n'est pas traverser des pays de sentiments et de pensées, en restant identique à soi-même, comme lorsqu'on traverse d'un seul pas des chambres qui se succèdent ; mais c'est, au fur et à mesure, ne plus connaître comme réel le monde ancien, perdre fibre à fibre la conscience du fini, du matériel et du transitoire, et croître en divinité de conscience, dans la clarté de la révélation.

« Il faut que vous naissiez de nouveau », nous a dit Jésus. Cette déclaration paraît bien extraordinaire, mais elle est la grande leçon qu'Il est venu nous donner. Par là, nous apprenons que l'homme a sur terre un terrible effort à poursuivre et que cet effort, peu à peu, sous la puissance de l'eau qui purifie et du feu de l'amour qui embrase, le conduit à sortir, par l'exaltation de la conscience individuelle, des « formes ou lieux inférieurs » créés par la conscience grégaire de l'espèce. Oui, « il faut que vous naissiez de nouveau ». Il n'a pas parlé de « mourir ».

Il a dit « que vous *naissiez* de nouveau »...

Et qu'est-ce que naître, si ce n'est recevoir, tout formés, des yeux qui s'ouvrent à une certaine lumière et connaissent dans cette lumière un état de conscience appelé « moi » ? Et que sera-ce que « naître de nouveau » si ce n'est perdre de vue cette lumière première, et, dans une lumière nouvelle remplissant d'autres yeux, connaître un « moi » nouveau, qui ne se connaissait pas ?

Que les chrétiens ne tremblent donc plus, les yeux fixés sur la mort, et cessent de rester à la porte d'eux-mêmes... C'est une naissance qui les attend, c'est une naissance qui les réclame.

23 mai.

Le printemps... la fête du « moi » nouveau... Il me semble que toutes les fleurs accrochées aux buissons sont en relation divine avec cette fête sacrée... Il me semble, à cette expression même, voir s'avancer au milieu des cris de joie, et rempli de palmes blanches cueillies à tous les chemins, le beau char de la campagne, traîné par deux cents buffles fidèles et escorté de plus de dix mille jeunes gens sautant de toutes leurs forces...

Ma maison est tiède, toute tiède... Mes fenêtres ouvertes laissent entrer le « ou... ou... » des tourterelles, et c'est dans cette tendre tiédeur fleurie et heureuse qu'aujourd'hui j'ai lu quelques pages de Dante Alighieri. Non pas le Dante des torturés, ni celui qui, d'un génial coup de pouce, vous plante au milieu des flammes un damné tout en bitume, mais un Dante dont on ne parle presque jamais, que je viens de découvrir et qui me paraît encore plus grand que le premier : le Dante du Paradis... celui qui, lorsqu'il eut, au sortir des cercles du Malbogé, quitté son doux Virgile, et s'en fut allé, le capuchon sur les yeux et serré dans son noir manteau, dut faire plus d'une découverte du genre de celles qui font trembler mon âme.

« Ce secret est voilé pour tout homme dont l'esprit n'a pas grandi dans la flamme de l'amour » est une des pensées que j'ai notées en lisant.

Il y a un secret... certes oui... le secret de la constitution du vrai monde de Dieu ; celui en dehors duquel il n'y a pas de créature sortie des mains du Père.

« *Par tes fausses imaginations,* lui dit Béatrice, *tu te rends toi-même lent à comprendre ;* de sorte que tu ne vois pas ce que tu aurais vu si tu avais secoué ces imaginations et purifié l'écran de ton esprit.

« *Il est essentiel à notre existence,* lui dit une âme, *de se tenir dans la volonté divine, de manière que toutes nos volontés se résolvent en une seule.* »

Un petit frère français des Carmes déchaussés a dit au XVIIe siècle : « Les actes multiples seront alors changés en une vue simple. »

« Oh ! poursuit Dante, comme ma voix est impuissante pour rendre une pensée ! Elle est si éloignée de ce que j'ai vu, qu'il ne me suffit pas de dire peu !

« O lumière éternelle qui réside seule en toi, qui seule te comprend et, comprise de toi, et te comprenant, t'aime et te sourit. »

Avec ce « moi » nouveau qui prend en soi sa propre lumière, je suis possesseur d'une lumière dans laquelle je me meus avec une sûreté absolue, et n'ai aucun doute que tout ce qui me viendra de cette lumière ne soit parole de sagesse... Pourquoi ? me demande-t-on. Je réponds : évidence ! Oui, je suis un privilégié de Dieu... Est-ce à dire pour cela que je sois digne de m'appliquer à un degré quelconque tel ou tel terme présentant de près ou de loin un sens proche de celui de sainteté ? Hélas ! J'ai seulement le droit de penser : « Il est étrange que j'aie parfaitement conscience depuis ce jour d'habiter par l'esprit dans une lumière qui n'a plus rien de commun avec celle du monde dans lequel je vivais. » Et c'est tout.

Car voici ce que je lis dans Ruysbroeck : « Telle est la noblesse que nous possédons par nature, dans l'unité essentielle de notre esprit, là où cet esprit est de par sa nature même uni à Dieu. Ce n'est point là ce qui nous rend saints et bienheureux, car tous les hommes bons et mauvais le possèdent en leur propre ; mais c'est pourtant la première cause de toute sainteté et de toute béatitude. Voilà en quoi consistent la rencontre et l'union de Dieu et de notre esprit dans la simple nature. »

D'où je conclus :

1° Qu'il est essentiel de s'ouvrir à cette lumière.

2° Que le fait qu'elle s'est fait connaître à mon esprit ne fournit pas l'ombre d'une preuve en faveur de mon excellence.

3° *Que tous les hommes sans exception possèdent au fond de leur cœur ces révélations et ces puissances,* s'ils les attendent et s'ils les désirent, ce que je me hâte de noter, car c'est là une condition capitale.

Dans un petit livre écrit par un de nos penseurs sur « *l'ornement des Noces Spirituelles* », de Ruysbroeck l'admirable, il est dit que nous ne pouvons, avec nos facultés communes, avoir aucune part au monde qui s'y trouve décrit, que ce sont là des idées que nous n'avons pas le pouvoir de transformer en notre propre substance. Tout au plus, dit-il, « nous est-il possible d'en approuver du dehors les prodigieuses expériences, qui ne sont à la portée que d'un très petit nombre d'âmes dans la durée d'un système planétaire ».

Combien cela est exagéré ! Le nombre des hommes dont le regard est capable de « percer le voile » est bien plus grand que ne l'imagine cet écrivain. Il serait même considérable pour peu qu'il fût favorisé par les conditions sociales et par les mœurs.

J'ajoute qu'il est à pleurer qu'il n'en soit pas de la sorte. Car le monde dans lequel nous font pénétrer ces conquêtes de l'esprit est tout simplement le monde de la pleine évidence, de la parfaite logique et du pur amour. Au-dessous de ces hommes qui ont des vues si directes sur les essences, les autres hommes vivent dans un obscurantisme profond. Et c'est même là le seul obscurantisme qui mérite d'être dénoncé comme tel. Car l'homme peut étudier toutes les sciences, se jouer sur les sommets les plus élevés et les plus rares de la pensée humaine, s'il n'a pas « vu » ce qu'a vu Ruysbroeck, ce qu'a « vu » saint Bernard, ce qu'ont vu saint Anselme, saint Thomas, saint Bonaventure, saint François, et des milliers d'autres ; il lui reste à fournir l'étape essentielle de sa vie et, tout simplement, à franchir le seuil qui le sépare de la « Connaissance ».

Prétendre que quelques hommes seuls peuvent s'élever à ces réalités sublimes est aussi erroné, semble-t-il, que de croire que la foule humaine a sa destinée ailleurs que dans ces vérités, et qu'aucun motif ne l'obligera jamais à affronter ces difficultés profondes...

Plotin, à ceux qui de son temps recherchaient quels peuvent être les moyens mis en œuvre par les âmes pour atteindre à ce monde supérieur de l'Esprit, a répondu d'une manière qui fait supposer que cette élévation reste, à ses yeux, accessible à un certain nombre. « Il n'est pas légitime, explique-t-il, de s'enquérir d'où provient cette science intuitive comme si c'était chose dépendant du lieu et du moment ; car cela n'approche pas d'ici, ni ne part de là, pour aller ailleurs ; mais cela apparaît ou n'apparaît pas. En sorte qu'il ne faut pas le poursuivre dans l'intention d'en découvrir les sources secrètes, mais il faut attendre en silence jusqu'à ce que cela brille soudainement sur nous, en nous préparant un spectacle sacré, comme l'œil attend patiemment le lever du soleil. » Que les hommes sachant attendre, attendent... Et ce qu'ils attendent viendra.

24 mai.

Dès que mon regard intérieur se porte sur ce « moi » nouveau, aussitôt répond un profond bonheur dont mon âme est remplie.

Et cette lumière, c'est : là-haut. L'homme qui vit là est « là-haut ». Il commence dès maintenant à être « là-haut ».

Mais ce n'est pas seulement pour cet homme affaire de vision à recueillir du fond de lui-même, il doit aussi écarter tout ce qui l'empêcherait de voir cela *uniquement*.

Alors ce « moi », souffle de Dieu, le recharpente en puissance, une force décuplée anime ses membres, toute crainte est subjuguée, toute lassitude, toute inquiétude sont bannies.

Ce « moi », avec un aspect différent, se donne en chacun de nous le même, et il est le Fils unique comme l'océan se poursuit continûment à travers chacune de ses vagues. Il est « le fils qui se montre » et alors tu aperçois le commencement de la Personne infinie... Ne te pose pas ici de questions ; ne sois pas comme ces savants qui veulent « arracher ses secrets à la nature ». Ils n'arrachent rien. On n'arrache rien. On ne force pas la vérité, on la reçoit seulement. Un jour on l'entend venir dans le silence de la maison, marchant pieds nus dans ses sandales sur le doux pavé qui luit, s'avançant entre les colonnes, un lis à la main, et ayant la belle figure de l'ange des annonciations.

25 mai.

Depuis que j'ai vu le « moi » dont je parle, depuis que l'Etre parfait et pur s'est revêtu dans ma conscience du manteau royal et divin, c'est tout ce qui me paraissait naïf autrefois dans les écrits que je lisais, qui me paraît aujourd'hui profond et sûr. J'ai relu ces jours-ci quelques pages des *Fioretti*, et tout cela m'a semblé si vrai, si sage, si conforme à la pure vérité ! C'est notre langage à nous, c'est notre conception des choses qui sont effrayants de fausseté !... Que Dieu nous garde de cette science humaine qui ne connaît pas la science de Dieu. Elle serait sur nos têtes, si nous consentions à ses envahissements, la réapparition du noir abîme de la Genèse, et tout serait à recommencer !

Oh ! Chrétiens ! Chrétiens !

Mais le chrétien d'aujourd'hui condamne presque à la désespérance le cœur de celui qui voudrait pouvoir attendre tout de lui. Le chrétien d'aujourd'hui ne sait plus qu'il est « le sel de la terre ». Il ne sait plus rien ni de lui ni du sel. Il ne s'attend plus à rien. Le déficit est si monstrueux par rapport à ce qui devrait être et même par rapport à ce qui fut que c'est presque devenu un sujet auquel on ose à peine toucher. Le chrétien d'aujourd'hui peut se comparer, s'il sait lire en lui-même, à l'un de ces cadavres trouvés dans les hypogées, que le premier choc avec « la lumière » fait s'effondrer en un infime tas de cendre.

30 mai.

« Je suis le chemin, la vérité et la vie. Personne ne vient au Père que par « moi »... C'est en brûlant d'un indicible bonheur et comme illuminant mon papier avec de l'encre de lumière qu'aujourd'hui j'ai copié ces phrases bénies de l'Evangile : « Philippe lui dit : Seigneur ! montre-nous le Père et cela nous suffit. Jésus lui répondit : « Il y a si longtemps que « je » suis avec vous et tu ne m'as pas connu ! » (Pas connu ! Jésus fait allusion ici à l'homme intérieur que Philippe aurait dû reconnaître comme étant en Jésus son propre accomplissement à lui-même) « Philippe, celui qui m'a vu (celui qui a le Fils, comme dit saint Jean, celui qui a la vision du Fils), a vu mon Père (qui est aussi le vôtre, qui n'est pas le vôtre uniquement parce que vous vous obstinez à être le fils du mensonge). Comment donc dis-tu : Montre-nous le Père ? Ne crois-tu pas que je suis en mon Père, et que mon Père est en « moi » ? (Ce Moi était le moi parfait et éternel de tous les hommes, fils unique de Dieu) — Croyez « Moi ». Croyez que je suis en mon Père et que mon père est en « moi » ; celui qui croit en « moi » fera aussi les œuvres que je fais, et il en fera même de plus grandes parce que je m'en vais à mon Père. Et quoi que vous demandiez en mon nom, je le ferai, afin que le Père soit glorifié par le Fils. Si vous demandez quelque chose « en mon nom », je le ferai. »

Puis alors, cette admirable figure qui demande à demeurer enchâssée à jamais, comme un vitrail de chœur, dans la crypte la plus profonde de notre esprit : « Je suis le vrai cep et mon père est le vigneron. Il retranche tout sarment qui ne porte pas de fruit en « Moi » et il émonde celui qui porte du fruit, afin qu'il en porte davantage. Demeurez en « Moi », je demeurerai en vous. Comme le sarment ne saurait de lui-même porter du fruit, s'il ne demeure attaché au cep, vous n'en pouvez porter aussi, si vous ne demeurez en « Moi ». Je suis le cep et vous êtes les sarments. Celui qui demeure en « Moi » et en qui je demeure, porte beaucoup de fruits ; car, hors de « Moi » vous ne pouvez rien faire. Si quelqu'un ne demeure pas en « Moi », il sera jeté dehors comme le sarment ; le sarment sèche, puis on le ramasse et on le jette au feu et il brûle. Si vous demeurez en « Moi » et que mes paroles demeurent en vous, demandez tout ce que vous voudrez et il vous sera accordé. C'est en ceci que mon père sera glorifié si vous portez beaucoup de fruits, et alors vous serez mes disciples. »

Ce cep, quelle image ! Ce cep, le grand *ego* central que chaque moi doit penser au lieu de se penser soi-même, afin que, le raisin divin ayant passé dans la grappe humaine, toute la vie, toute la vie pleine et entière, toute la vie infinie de la vérité et de l'amour circule en elle sans mesure.

Et c'est parce que nous sommes infidèles au cep de par notre pensée absente, que nous ne recueillons pas dans nos cœurs la sève transformatrice du cep.

Le christianisme n'est pas une théorie, le christianisme n'est pas une opinion, le christianisme n'est pas une croyance, le christianisme est une « expérience ». Le christianisme est le nom donné à ce que devient l'homme lorsque son Dieu est né en lui., Cela va jusque-là. Ceux qui ne sont pas passés par là ou qui n'aspirent pas à cela, ne sont pas des chrétiens. Le chrétien est un homme au-dessus de l'homme, le chrétien est un homme en qui le Christ accomplit ses merveilles *(miracula)*.

Etre érudit dans les choses spirituelles n'est point demeurer en dehors de la vie. C'est, par cette connaissance même, être le maître de la vie. Ce sont ceux qui sont ignorants des choses spirituelles, ceux qui n'ont pas vu en eux s'accomplir les *dissociations intérieures*, qui ne sont pas dans la vie. On peut même dire qu'ils sont dans la mort.

J'écris ceci très laïquement, je veux dire très positivement, étant moi-même dans la mort... Mais j'ai vu suffisamment pour savoir :

Pater est Pax,
Filius est vita,
Spiritus sanctus
Est remedium [3].

Et c'est ce que nous apprend, ce que veut que nous sachions, l'*Apocalypse*.

Surtout, l'Apocalypse n'est pas comme on le croit communément, un horoscope touchant les destinées matérielles du monde ; elle est cet horoscope et la délivrance de cet horoscope ; elle est le livre des mystères de Dieu et de l'homme. Gigantesque symphonie dans laquelle dominent les cuivres angéliques, écrite par un Beethoven gigantesque. Qu'est le *Gloria* de la Messe en ré, auprès de ces fanfares du nouveau règne, où nous n'entendons plus seulement des « Plaisances adorables » et de « puissantes terreurs », mais une révélation qui, beaucoup plus loin que le bruit de toute musique, fait éclater les bornes du silence.

« Heureux celui qui lit et comprend... car les temps sont proches... »

L'Apôtre nous dit que c'est dans notre propre cœur qu'ils sont proches et que l'apparition de ces « temps » n'est séparée de ce cœur que par un événement léger, semblable à l'attouchement subtil d'un ange...

La grâce « vous soit donnée par Celui qui était et qui sera ».

Ces mots, clame la symphonie en un profond son d'orgue d'ouverture, possèdent un sens qui réduit à toute obscurité les conclusions réputées les plus extraordinaires de notre science... pauvre science humaine, qui n'est que la recherche négative, toujours plus négative, même lorsqu'elle affirme, toujours plus capillaire et plus trompeusement exercée dans les profondeurs toujours plus sombres, même lorsqu'elles paraissent toujours plus claires, du domaine que les mathématiciens désignent sous le nom de « moins l'infini ». « Celui qui est », parole qui fait tenir debout tout ce que nous croyons édifié par notre propre intelligence et dont la masse finit par s'écrouler sur nous-mêmes, quand par le lien de vie de notre amour, nous n'en avons pas su rattacher l'existence à sa seule et souveraine Cause génératrice.

Nous croyons être des créateurs tout-puissants... alors que, par la faute de cet orgueil, teigne des prés, gale des fleurs, mal rongeur de la vigne, nous ne sommes que les ombres de ce que nous pourrions être !

Comme le menuisier absorbé dans la confection d'un cercueil laisse tomber sans y prendre garde le blanc vrillon détaché de la planche de son sapin, nous laissons tomber sans un regard ce mot que le Christ, plein d'amour, nous met sous les yeux en insistant :« Il faut que vous naissiez de nouveau... « Il faut que vous naissiez une seconde fois ».

Sur cette terre même, il faut que vous naissiez une seconde fois.

Mais nous n'entendons pas. Ce mot ne nous émeut pas. Il est un appel à la vie ; mais pourquoi irions-nous vers la vie, nous qui ne nous apercevons même pas que nous barbotons dans la mort !

La grâce (ce mot délicieux, qui signifie le bouquet de violettes de votre bonheur parfait), la grâce vous soit donnée par Celui qui est, et par Jésus-Christ...

... Jésus-Christ, spectateur naturel de Dieu, modèle et patron intérieur de l'homme.

Quand le tailleur découpe avec ses ciseaux une étoffe selon la forme parfaite sur laquelle elle a été appliquée, cette forme parfaite qui fut dessinée par un crayon savant, c'est, quand il s'agit d'un homme, le Christ. Oui, son principe, qui est en nous notre vrai nous, à mesure que la conscience s'en rapproche ! Jésus-Christ ou Jésus le Christ, le modèle parfait. Jésus, l'étoffe qui suivant le modèle, a été taillée aux ciseaux, avec un art infini. Les deux sont unis en un seul, notre Maître, notre patron. L'élément mortel, et l'élément divin... L'élément mortel, si parfaitement épuré par l'élément divin que ces deux éléments sont devenus indissociables. C'est prévu ; c'est une loi. Et Jésus-Christ est Notre-Seigneur. Est « notre Seigneur », parce qu'il est en nous. Il nous appartient. Et il est en nous dans la proportion où nous nous ouvrons en lui, où nous nous éveillons en lui... où nous naissons de nouveau. Et ainsi, il est lui-même notre seconde naissance, accomplissant en chacun de nous, à mesure qu'il s'accomplit en nous, ce qu'il est venu sur terre accomplir pour tous.

Naître, c'est ouvrir pour la première fois les yeux à une lumière.

Connaître, c'est identifier cette lumière avec l'esprit de cette lumière.

Alors, « comme il faut que nous naissions de nouveau », il faut, d'après la musique de la symphonie, que vous ouvriez les yeux, dès cette terre, sur ce que vous ne connaissez pas encore du fait de la lumière à laquelle vous êtes né la première fois ; qui n'était pas la vraie lumière, qui n'était pas *votre* lumière, car, lorsque vous connaîtrez ce que vous ne connaissez pas encore, vous oublierez tout ce que vous croyiez connaître, vous serez la « nouvelle créature » pour qui toutes choses vieilles sont passées, vous serez l'amphore neuve, en qui ne se trouve plus contenue une seule goutte de l'ancienne liqueur.

Or, ou nous n'écoutons pas vraiment celui qui nous a parlé, bien que nous disions que nous l'écoutons, ou nous comprenons que sa parole si haute implique que la première naissance, qui a eu la chair pour berceau, n'apporte pas en elle la vraie connaissance, même chez les sages.

« C'est, *ici*, la vie éternelle, ici-bas la vie éternelle, qu'ils Te connaissent, Toi, et celui que tu as envoyé, Jésus-Christ. »

Dans cette phrase, transcription de la vision profonde du grand paysage métaphysique, éternellement déroulé dans la conscience pour ceux qui savent l'y trouver, *la vie et la connaissance* sont données comme identiques ; vie, vie éternelle, c'est-à-dire une expérience que ne nous donne absolument pas la naissance dans la chair, mais la naissance dans l'esprit, laquelle vient après la naissance dans la chair et sans laquelle nous restons dans la chair semblables à de pauvres fétus abominables.

Expérimentalement, c'est d'abord la chair, dit saint Paul, et c'est ensuite l'Esprit.

Car « la chair ne sert de rien », « toute chair est comme l'herbe », « et toute la gloire de l'homme (de l'homme de chair, y compris l'esprit qui raisonne selon la chair) comme la fleur de l'herbe »... mais « la parole du Seigneur demeure éternellement »... Et, qu'est-ce, après l'anéantissement de l'homme selon la chair, c'est-à-dire après l'anéantissement du concept de l'homme selon la chair, que cette précédemment dite « parole du Seigneur », sinon l'image éternelle de l'Etre, sinon l'homme véritable, le vrai « chacun de nous » conçu dans l'éternité et qui n'attend pour naître, pour venir à la seconde conscience, enveloppée dans la première, que l'accomplissement de ce que l'Apocalypse appelle un effroyable travail ?

8 juin.

Et la symphonie continue de clamer : Quand les hommes comprendront qu'ils n'ont pas d'autre vie réelle que celle dont ces formules divines sont l'expression transparente et certaine, ils seront élevés en eux-mêmes au niveau de ces éternités, dans l'oubli de ce qui ne fut jamais qu'un prestige brossé par le pinceau du père du mensonge.

Mais la voie qu'indique l'Apocalypse pour parvenir à cet anéantissement sauveur n'est pas la voie de l'ascétisme, ni celle d'un élan plus ou moins aveugle de l'âme se portant par-delà les vains et futiles désirs d'une nature corporelle méprisable, c'est la voie même de la connaissance relativement à la constitution et à l'essence de cette nature corporelle.

Supprimer la chair, aux yeux de l'inspiré de l'Apocalypse, ne consiste pas en une opération matérielle, car la chair ne peut être supprimée par la chair sans être remplacée par la chair, ni en une simple négation articulée par l'esprit de la chair, lequel ne possède pas les lumières requises.

« Supprimer la chair » pour cet inspiré, c'est, par la voie intérieure de la révélation, identifier cet acte, en quoi consiste l'expérience de la chair, à un acte pur et simple de perception conceptuelle ; c'est cesser de voir dans la chair une réalité objective et autonome, c'est y voir un concept négatif, contrefaçon mensongère ou représentation, invertie de la substance divine. Et c'est là, dans ce *mensonge,* que Jésus est venu nous chercher.

Qu'on ne se méprenne pas... Cela ne signifie pas que, lorsque ce temps sera venu, les hommes n'auront plus l'illusion de vivre dans un corps, mais qu'ils auront alors la connaissance que ce corps est la traduction humaine, dans l'ordre des concepts humains, de l'idée divine éternelle, qui seule est la création de Dieu. (Relire tout le premier chapitre de la Genèse.)

La connaissance de la chair en tant que réalité et la croyance en ce qui paraît être une réalité sont la punition du péché (second chapitre de la

Genèse et suivants) et c'est de cette illusion, legs du serpent, mal du vieil Adam, que la Vérité est venue nous sauver, c'est dans cette illusion meurtrière qu'elle s'est elle-même incarnée pour opérer ce salut.

Peut-être ne devons-nous pas nous étonner, en présence de cette compréhension d'une nature toute conceptuelle de l'univers ; car, si naître c'est connaître, et si toute naissance correspond à une connaissance, Notre Seigneur nous ayant déclaré que nous avons dès ici-bas à naître de nouveau, nous a, par ces termes mêmes, annoncé une connaissance nouvelle du monde. Cette connaissance fut certainement, dès cette terre, celle des saint Paul et des saint Jean.

Il fut un temps où, voyant les philosophes de l'école de Taine conclure à la non-existence du « moi » perçu par la conscience, nous éprouvions devant ces assertions qui nous semblaient aussi dangereuses qu'insensées, un profond malaise, bien éloignés de nous rendre compte que ce « moi psychologique », ce « moi » des sensations et déroulements représentatifs, dont Taine niait si bien l'existence,, n'était autre, en dernière analyse, si nous savions aboutir les deux méthodes, que le fameux « faux moi » qui nous trompe, et auquel, sans répit, sur l'ordre de l'Evangile, nous ne devons cesser de renoncer.

Si nous arrivons aujourd'hui aux mêmes conclusions que la science, ce n'est pas en nous inspirant de ses méthodes, mais en procédant par l'intuition intérieure et en nous aidant de nos textes sacrés.

Ainsi, ce monde de la matière, que la science des laboratoires elle-même réduit à ne se présenter plus que sous la forme d'un rayonnement conceptuel, ce monde se trouve en passe de redevenir, aux yeux d'un certain nombre, celui-là même que les prophètes, dans leur conscience illuminée, ont vu, quand ils disaient : « Les montagnes se fondront comme de la cire en présence de l'Eternel », ou, comme le dit en substance saint Paul : « La nature tout entière sera retraduite un jour en pensées immortelles. » Il y a plusieurs milliers d'ans déjà que des serviteurs de la pensée divine, penseurs des deux testaments chrétiens, les Moïse, les Isaïe, les saint Paul, les saint Jean sont parvenus au carrefour de cette suprême connaissance, et qu'ils y attendent, avec le sourire de leur charité, les représentants attardés du savoir humain.

Car ceux-ci n'ont encore rien trouvé en expliquant que cette matière, dont l'homme croyait le monde constitué, n'était qu'un complexe de représentations et d'images... Ils n'ont encore rien trouvé... qu'un état négatif, la non-matière... Ils ont trouvé comment le monde n'est pas fait... Ils n'ont pas trouvé le principe dont il est fait, l'Esprit, l'unique substance, qui se révèle, non à l'homme du laboratoire, mais à l'homme qui est « né de nouveau ».

Une grande question est de savoir maintenant s'ils pourront passer de la non-matière à l'Esprit.

Dürer semble avoir eu quelque lueur forte de cette signification absolue, dans la composition où il nous montre la bataille livrée par les anges à l'espèce humaine. Quatre anges forcenés, armés de lourdes épées, tapent à pleins tranchants dans la masse de la chair, sans distinguer qui que ce soit en ce magma sans nom, composé de rois, d'empereurs, de bourgeois, de soldats, de juges, et de matrones, constituant à eux tous la masse qu'il s'agit de réduire à néant.

L'Apocalypse, une grande histoire, la plus grande histoire qui ait jamais été racontée, qui se termine par la révélation du « nouveau ciel » et de la « nouvelle terre ».

« Moi, donc, Jean qui suis votre frère et qui ai part avec vous à l'affliction et au règne et à la patience de Jésus-Christ, j'étais dans l'île de Pathmos, pour la parole de Dieu, et pour le témoignage de Jésus-Christ, et je fus ravi en esprit, un jour de dimanche, et j'entendis derrière moi une voix éclatante qui disait : « Je suis l'Alpha et l'Oméga, le premier et le dernier. Ecris dans un livre ce que tu vois. »

Et Jean écrivit sous la dictée de Dieu : « J'ai été mort... Mais maintenant, je suis vivant au siècle des siècles... » C'est-à-dire, je n'étais pas encore, depuis les âges, venu à la conscience humaine ; je n'avais pas encore été conçu dans l'expérience humaine, mais maintenant, par l'élargissement de l'homme en Christ, cet événement est accompli et ses conséquences dureront à jamais... Je suis le « Moi », l'identité parfaite ; et, désormais, ceux qui me verront sauront qui je suis : Je suis la promesse versée en eux, dans l'humain, dans leur humain, de ce qu'ils sont en « Moi » éternellement.

La paix et la grâce vous sont données par « Jésus-Christ, le fidèle témoin ».

Ces deux mots « fidèle témoin » sont plus grands, à eux seuls, que toutes les histoires réunies de toutes les civilisations du monde.

Dürer n'a pas représenté cette histoire — pourtant si capitale et d'une si haute signification pour la science de l'homme — des deux témoins. Mais on trouve de cet épisode une illustration remarquable dans les étonnantes tapisseries que possède la ville d'Angers, tissées au XIVe siècle par Hennequin de Bruges pour Louis Ier, duc d'Anjou.

Ces deux Témoins, c'est nous, c'est tout le monde, c'est tout homme qui voudra... qui voudra bien être le témoin de la vie de Dieu, au lieu d'être le témoin de sa propre vie.

« Ces deux Témoins ce sont les deux oliviers et les deux chandeliers qui se tiennent devant le Seigneur de la terre. »

Lumière et verdure fraîche.

Qu'on relise le chapitre XI, qui raconte ces grands faits.

« Si quelqu'un veut leur faire du mal, dit le texte, du feu sort de leur bouche et dévore leurs ennemis ; et si quelqu'un veut leur faire du mal, il faut qu'il soit tué de cette manière. Ils ont le pouvoir de fermer le ciel, et ils ont le pouvoir de changer les eaux en sang, et de frapper la terre de toute espèce de plaies, chaque fois qu'ils le voudront.

« Quand ils auront achevé leur témoignage, la Bête qui monte de l'abîme leur fera la guerre, les vaincra et les tuera. Et leurs cadavres seront sur la place de la grande ville, qui est appelée, dans un sens spirituel, Sodome et Egypte. Des hommes d'entre les peuples verront leurs cadavres pendant trois ours et demi, et ils ne permettront pas que leurs cadavres soient mis dans un sépulcre. Et, à cause d'eux, les habitants de la terre se réjouiront et seront dans l'allégresse, et ils s'enverront des présents les uns aux autres parce que ces deux prophètes ont tourmenté les habitants de la terre. »

« Après les trois jours et demi (un demi-jour de plus seulement que le divin Modèle), un esprit de vie, venant de Dieu, entra en eux et ils se tinrent sur leurs pieds ; et une grande crainte s'empara de ceux qui les voyaient. Et ils entendirent du ciel une voix qui leur disait : « Montez ici. »

Ces deux témoins, encore une fois, ce sont tous les hommes, dans la mesure où chacun d'eux est un « fidèle témoin » en Jésus-Christ.

Car ce « fidèle témoin », Jésus-Christ, c'est nous, si nous le voulons. C'est par lui, en nous, que Dieu nous donne la grâce et la paix, et que nous sommes sauvés du cauchemar de la grande Babylone, et d'être « comme des graines amères attachées aux parois de la digestion de la Bête ».

Qu'est-ce que la Bête ? C'est tout le spectacle, qui paraît vivant, de tout ce qui n'est pas la création de Dieu... Dieu, qui est infini, est la vie. Il est même toute la vie, au péril de ne pas être. Le propre de la Bête est de paraître vivante, et ce que le texte appelle son image est son reflet dans la pensée de l'homme, du rêveur Adam, du vieil homme, de l'intellect non illuminé.

Car l'intellect non illuminé est, dans sa totalité, ce qu'on doit considérer comme étant l'image de la Bête. La Bête et son image : cette expression embrasse donc toute l'humanité qui n'est pas illuminée, depuis les brutes de la chair jusqu'aux docteurs éminents qui n'ont pas reçu la révélation.

C'est vraiment là le sujet de l'Apocalypse : la révélation de Jésus-Christ en l'homme ; l'histoire, comme dit Bossuet, de l'avènement de Notre Seigneur Jésus-Christ... de l'avènement de Notre Seigneur Jésus-Christ en nous... c'est-à-dire du fidèle témoin'en nous. La transformation de chacun de nous, dérisoire fils du temps et témoin d'une humanité fractionnée, fraction de la Bête, en un fidèle témoin de la vérité une, et de la vie une. Témoin et spectateur, et donc participant.

« Dieu vous a marqué de son sceau » est vraiment l'expression forte qui résume toute cette histoire.

L'esprit est dans l'admiration des révélations du sens de ce texte, que la lumière éclaire au fur et à mesure qu'il s'avance dans la découverte vivante. Car, ici, ce n'est pas le texte qui éclaire la vie, mais la vie qui éclaire le texte. Et l'esprit va devant lui avec joie, comme au milieu d'un champ de pavots, l'été. Toute une humanité se lève et l'accueille, et ce sont tous ceux-là qui chantent dans la vallée fleurie d'hyacinthes.

Dürer a fait monter ce chant d'une façon qui fait vibrer son eau-forte. La planche, d'une composition simple et dense, est intitulée : « Le cantique des élus du ciel », c'est-à-dire le cantique des âmes qui ont trouvé l'immortalité dans la connaissance de Dieu. Ils étaient nés jusque-là au monde des rochers, de la terre, de la mer, du firmament ; ils sont nés, maintenant, morts ou non, à un monde dont les formes sont les idées mêmes de l'Etre. Ils sont les êtres véritables qui ne sont plus soumis qu'aux seules Vérités de l'Etre et ont cessé d'être un tissu d'accidents inférieurs.

Dürer les fait chanter, ces élus, comme des délivrés... et comme des dominations. Il les fait chanter par tous les roseaux qu'ils portent à la main, par toute cette montée de palmes, hommage de la voix pure à celui qui est représenté au-dessus d'eux, seul dans le ciel.

Et celui qui est représenté au-dessus d'eux, seul dans le ciel, est l'Agneau.

L'Agneau, isolé au milieu des rayons qui s'échappent de sa toison, tandis que tout à l'entour sont accumulées des couronnes d'or, des torsades d'émeraudes, des chapes dorées de papes, des armures dorées de rois, des mains jointes de peuples, et, plus près de l'Agneau que les hommes, aux quatre coins de ce triomphe de la délicate petite bête, les fameux quatre animaux, symbole des quatre évangélistes, dont on s'est toujours demandé ce qu'ils signifiaient à cette place... le lion, le bœuf, l'aigle et un animal à tête d'homme.

Ce que représentent ces quatre animaux est tout simplement le monde animal, bien éloigné, comme on le voit, d'être absent du christianisme, le christianisme étant, par essence, la promesse et l'assurance pour toute la nature de la rédemption par le Christ.

Ces quatre animaux sont ici les délégués, la députation, de tout ce qui, depuis le ver de terre, vit en Dieu, c'est-à-dire dans la connaissance du Père, et attend avec la nature entière l'exaltation de toutes choses par l'avènement de la vérité vivante dans la conscience de l'homme, maître des poissons de la mer, des oiseaux des cieux et de toute la terre et de tout ce qui rampe sur la terre.

Et tout cela s'accomplit et continuera et achèvera de s'accomplir par cette grande et unique action qu'est la contemplation de l'Agneau… de l'Agneau tout seul au-dessus du monde, de l'Agneau, pureté, innocence, de l'Agneau qui ne dit rien, ne se défend pas, *ne sait pas*.

La pureté a sept cornes et sept yeux, elle a toute la science qu'on peut avoir. Celui qui « ne sait pas » sait tout. Tout se découvre à celui qui ne se fait pas une science de ce qui n'est pas le *savoir*.

Et qu'est-ce qu'il ne sait pas ? — Ce que le serpent a enseigné sous l'arbre de la Genèse :

« Vous connaîtrez le bien et le mal, et ainsi vous deviendrez intelligents. » Dieu, pourtant, leur avait donné l'intelligence, puisqu'ils étaient l'image et la ressemblance de Dieu. Mais ils crurent le serpent, ils crurent à une autre intelligence possible, et ils ne virent pas que cette intelligence du bien et du mal, étant en rapport avec le péché, ne pouvait être qu'une intelligence mauvaise : le négatif.

Mais, celui qui vaincra toute vision du mal en lui aura vaincu… (Quel admirable chant d'orgue est l'énumération des promesses aux chapitres II et III lorsqu'elles sont réunies comme suit) :

« Celui qui vaincra, je lui donnerai à manger de l'arbre de la vie, qui est au milieu du paradis de Dieu.

« Celui qui vaincra, ne recevra aucun dommage de la seconde mort.

« Celui qui vaincra je lui donnerai puissance sur les nations, je lui donnerai l'étoile du matin.

« Celui qui vaincra, sera vêtu de vêtements blancs et je n'effacerai point son nom du livre de vie.

« Celui qui vaincra, je le ferai être une colonne dans le temple de mon Dieu, et il n'en sortira jamais.

« Celui qui vaincra, je le ferai asseoir avec moi sur mon trône, comme moi-même j'ai vaincu, et suis assis avec mon Père sur son trône. »

Mais les hommes ne veulent pas vaincre, parce qu'il leur est demandé, pour vaincre, de se détacher de leur faux moi, en « naissant de nouveau ».

Mais les hommes ne veulent pas vaincre, parce qu'il est exigé d'eux « qu'ils naissent une seconde fois » et qu'ils « se détachent des propres conceptions qu'ils ont apportées à leur première naissance ». Travail de détachement qui est celui dont parle l'Apocalypse, lorsqu'elle dit : « Le travail est effroyable. »

Ce « travail » s'appelle encore : rompre les sceaux. La rupture des sept sceaux du livre de vérité.

Mais qui est digne d'ouvrir le livre et d'en délier les sceaux ? crie un ange puissant.

Les sages et les savants de la terre ne croient-ils pas que c'est la lumière de leur science qui assume au-dessus de tout pouvoir le privilège de cette tâche ?

« Et je pleurai beaucoup », dit saint Jean, parce qu'il ne s'était trouvé personne qui fût digne d'ouvrir le livre, ni de le lire ni de regarder dedans.

« Ne pleure point, lui dit un vieillard, car quelqu'un a vaincu pour ouvrir le livre et en délier les sept sceaux. » Et c'est l'agneau lui-même, l'agneau qui a été immolé... L'agneau qui ne dit rien, l'agneau qui ne se défend pas... l'agneau qui ne sait pas...

Avoir l'intelligence, c'est connaître Dieu, et connaître Dieu, c'est ne connaître que Dieu, et c'est ne pas connaître ce qui n'est pas Dieu. C'est avoir l'intelligence de ce « moi » divin que nous entrapercevons dans notre nuit humaine ; c'est ressembler à l'agneau qui ne sait pas ce que c'est qu'un boucher.

Il faut que celui qui croit être par sa propre force et croit avoir des raisons de se rebeller ou de faire entendre des lamentations devienne, par sa purification absolue de toute idée du mal, innocent de soi-même et des autres hommes, autant que l'agneau qui ne connaît pas le boucher. Et telle est la solution au problème du mal, apportée par l'Agneau.

L'Agneau, la pureté, ouvre les sceaux du livre de Vérité. Mais, à l'instant où s'accomplit chacune de ces ruptures, marquées dans la connaissance par une illumination plus totale du soleil spirituel, répond l'aveugle détresse humaine, qui ne trouve, elle, où la lumière apparaît, qu'une occasion nouvelle de se plonger dans encore plus de ténèbres. Tremblements de terre, cataclysmes, guerres, hurlements infernaux, voilà ce que tant de révélations font éclater parmi tout ce qui touche à l'homme et dans l'homme lui-même, qui n'arrive pas à comprendre, qui ne sait où cacher son visage, ni comment se protéger de la colère de l'Agneau... Colère de la pureté et de l'innocence, colère qui ne fait aucun bruit et ressemble à cette colère cachée dont les bouleversements cosmiques ne sont que l'écriture, écrite sur le mince livre du visible.

Et l'on entend pourtant, en ce temps même, un chant merveilleux, incomparable, qui monte de la vallée profonde.

Ce chant est le cantique des cent quarante mille justes, vêtus de robes blanches et palmes à la main, qui chantent devant la pureté les splendeurs du « moi » pur et parfait. « Le salut, disent-ils, vient de notre Dieu et de l'Agneau. Ne vois que Dieu devant toi, se disent-ils les uns aux autres, ne connais que Dieu et l'Agneau, et Dieu et l'Agneau seuls se connaîtront en toi. Ta bouche chantera d'elle-même leur louange, tu ne seras plus une présence que pour cet esprit de louange, et toute colère et toute crainte seront effacées de toi. »

Et tous les anges se tenaient autour des chanteurs et des animaux !

Des animaux ! Comprenez bien, chrétiens !

Ces justes, ces justes qui sont vêtus de robes blanches, me dit un vieillard, sont ceux qui sont venus de « la grande tribulation », qui ont lavé leur robe et l'ont blanchie dans le sang de l'Agneau ; et c'est pourquoi ils sont devant le trône de Dieu, et le servent nuit et jour. Et celui qui est assis sur le trône habite avec eux ; ils n'auront plus faim, ils n'auront plus soif ; et le soleil ne frappera plus sur eux, ni aucune chaleur. L'Agneau qui est « au milieu du trône » les paît et les conduit aux sources vives ; et Dieu essuiera toute larme de leurs yeux — essuiera leur visage !

La grande Tribulation, c'est traverser, avant d'arriver à la seconde naissance, l'aventure terrible de l'illusion de la chair, et c'est vivre comme un aveugle à la recherche de la lumière, à travers les obscurités fondamentales du sang.

Et l'Agneau appelle les hommes à la pureté parfaite de la « seconde naissance », parce que, seule, cette pureté parfaite ouvre l'intelligence et que rien de ce qui n'a été enseigné par cette pureté parfaite n'est réalité, ni vérité.

Mais les hommes ne veulent pas comprendre. Ils se bouchent les oreilles. Ils ont la jouissance de la vie, ils détiennent l'ordre de la science. Ils ne connaissent que l'humain, comme le lion ne connaît que le léonin.

Les cataclysmes s'abattent sur eux, mais ils ne veulent pas marcher dans le sens du repentir. Alors le dernier sceau est ouvert. Mais les hommes, au milieu des plaies qui les tuent, ne comprennent toujours pas, ne comprennent ni les chants des justes, ni l'appel de l'Agneau, ni la trompette des anges. Repoussant le sacrifice, qui les dépouillerait de leurs ténèbres et ouvrirait leur intelligence en leur faisant comprendre « Dieu tout d'abord », ils persévèrent, enfermés dans leur humanité charnelle, qui les attache, serviles, à la loi de ce qu'elle est en elle-même, en son obscure conscience.

Alors le petit livre apparaît sur la terre, est apporté sur la terre : l'Evangile de Vérité, toute la science du Christ — qui est la compréhension de tout le secret de la grande Tribulation.

Il nous faut le faire nôtre, ce livre, comme saint Jean, au point qu'il se mêle à toutes nos pensées.

Mais les hommes ne comprennent toujours pas et ne veulent pas !

On a mis pourtant devant leurs yeux l'exemple des deux témoins, de ces deux hommes comme eux, simples hommes comme eux, mais qui furent, ceux-là, fidèles spectateurs, fidèles contemplateurs de Dieu et non d'eux-mêmes, et à qui, pour cette fidélité, fut appliquée, par l'amour, la loi de résurrection de la vie... Ayant été tués par la bête, ils avaient ressuscité au bout de trois jours et demi, et furent en cela, en cela même, ses deux témoins, hommes comme nous, les deux frères humains de leur Seigneur Jésus-Christ, de celui qui habitait en eux et était leur loi vivante et le secret de leur nature. Mais les hommes ne comprennent toujours pas et ne veulent pas !

Vous vous rappelez le serpent de la Genèse, qui parla si familièrement à la femme, lui disant : « Essayez donc de la connaissance du bien et du mal et vous verrez comme vous deviendrez intelligents ! »

Eh bien, depuis cette première heure que les hommes, sur le conseil du serpent, n'ont pas cessé de connaître le bien et le mal, le serpent ou mensonge a grandi, s'est engraissé, est devenu le dragon rouge, le dragon qui avait sept têtes et dix cornes, et sur ses sept têtes, sept diadèmes. Ce monstre se tient devant la femme qui est sur le point d'enfanter, afin de dévorer l'enfant, quand elle l'aura mis au monde.

Cet enfant est l'Enfant de Vérité (je suis le chemin, la vérité et la vie), venu pour sauver les hommes, les sauver du dragon rouge et de la bête, du mensonge et de l'erreur sous lesquels ils sont accablés.

Or ce mensonge meurtrier, dragon rouge, ancien serpent de la Genèse, devenu le père énorme de tous les mensonges, c'est ceci : que l'infini peut être contenu dans le fini, que l'intelligence, substance de Dieu, peut être contenue dans la matière, que le fini règne et mène les choses, et que ce que nous appelons les sens sont « ce qui connaît ».

Alors se livre un ultime combat dans le ciel, entre Michel soutenu de ses légions et le dragon rouge soutenu de ses légions. Ce combat est décisif ; il nous montre ce qui constitue la nécessité d'airain, le programme assuré de nos jours à venir. Le dragon et ses légions sont vaincus ; leur trace ne se voit plus dans le ciel. La vérité illumine les âmes.

Alors, apparition de l'Agneau sur la montagne de Sion, bruit des grosses eaux et des harpes — des harpes qui chantent devant les quatre animaux et les vieillards, les rachetés de la terre.

Luttes dernières contre les dernières résistances humaines...

Les anges moissonneurs...

Les anges vendangeurs...

La terre fut moissonnée, vendangée, et « il sortit de la cuve du sang qui allait jusqu'au frein des chevaux. Les anges des sept dernières plaies accomplirent leur office : « Allez, dit une voix, et versez sur la terre les coupes de la colère de Dieu ; sang, ulcères, consomptions, ténèbres, blasphèmes, esprits immondes. »

Tout cela n'est ni punition ni châtiment : tout cela est le négatif qui se détruit dans la conscience. Un ulcère rongeur et une pâle consomption sont à l'extrémité, dans le monde du visible, de la seule supposition que Dieu, le Père et son Fils, ne sont pas toute chose.

C'en est fait, dit une voix... « Et toutes les îles s'enfuirent, toutes les montagnes disparurent », retraduites en pensées.

Mais les hommes de la terre blasphémèrent encore Dieu, parce que les hommes de la terre sont, par leur propre esprit de chair, les fils du serpent, les fils du mensonge, les fils de leur fausse intelligence, dont la nature est le blasphème.

Alleluia !

Et à mesure que les événements terribles se succèdent, la terre, à travers la conscience de l'homme, est retraduite en esprit. Les quatre animaux et les vieillards se prosternent et adorent Dieu : « Le Seigneur, notre Dieu, disent-ils, est entré dans son règne. »

Les noces de l'Agneau sont venues et son épouse, la Vérité, s'est parée. Une voix s'élève : « Heureux ceux qui sont invités au banquet des noces de l'Agneau », c'est-à-dire heureux les purs, parce qu'ils sont les voyants et les hommes de la seconde naissance.

Satan est enchaîné, tout le négatif est supprimé de la conscience, Satan est jeté dans l'étang de feu, il n'y a plus de Satan. « La mort est jetée dans l'étang de feu », « il n'y a plus de mort. » « Le premier ciel et la première terre sont passés, et la mer n'est plus. » L'homme de la seconde naissance ne connaît plus le monde de la matière, dont le concept en lui s'est évanoui.

« Et moi, Jean, je vis alors la sainte Cité, la nouvelle Jérusalem, qui descendait du ciel d'auprès de Dieu. » Elle descendait... Ce n'était pas l'âme de Jean qui montait vers la Cité céleste, c'était la Cité céleste qui venait prendre place dans la conception des hommes.

« La muraille était bâtie de jaspe, mais la ville était d'un or pur, semblable à du vert fort clair. Et les fondements de la muraille de la ville étaient ornés de toutes sortes de pierres précieuses. Le premier fondement était de jaspe ; le second de saphir ; le troisième de chalcédoine ; le quatrième d'émeraude ; le cinquième de sardonyx ; le sixième de sardoine ; le septième de chrysolithe ; le huitième de béryl ; le neuvième de topaze ; le dixième de chrysoprase ; le onzième d'hyacinthe et le douzième d'améthyste. Les douze portes étaient douze perles : chaque porte était d'une seule perle ; et la place de la ville était d'un or pur, semblable à du verre transparent.

« Et j'entendis une grande Voix » qui disait : « Voici le tabernacle de Dieu, avec les hommes... »

Le tabernacle qui est *descendu* sur la terre, le tabernacle qui a remplacé l'habitacle de la terre.

« ... Et Dieu habitera avec eux ; ils seront *Son* peuple ; et Dieu sera *Lui-même* leur Dieu, et Il sera avec eux. Et la mort ne sera plus ; et il n'y aura plus ni deuil, ni cri, ni travail ; CAR CE QUI ÉTAIT AUPARAVANT SERA PASSÉ. »

Tel est le sens magnifique, immortel, du poème de saint Jean : la solution du problème du mal.

Si le mal du monde, comme il fut dit, est une objection contre Dieu, est-ce que, bien plutôt, Dieu ne serait pas une objection contre le mal du monde ?

Oui, répond l'Apocalypse, et la sanction réservée à la pratique de cette vérité dans le cœur de l'homme est la guérison du monde.

---

1 Paroles de Nietzsche.
2 Paroles de saint Jean.
3 Ces paroles m'ont été envoyées un jour par Jörgenson.